Gleichstellungspolitik in der
Europäischen Union –
Die Vereinbarkeit von
Beruf und Familie für Frauen
mit Kindern anhand eines
Ländervergleichs zwischen
Deutschland und Schweden

Beiträge zur europäischen Integration
aus der FHVR Berlin
Band 5

Grit Großkurth

Gleichstellungspolitik in der Europäischen Union – Die Vereinbarkeit von Beruf und Familie für Frauen mit Kindern anhand eines Ländervergleichs zwischen Deutschland und Schweden

Fachhochschule für Verwaltung und Rechtspflege Berlin
– University of Applied Sciences –

© 2007 Fachhochschule für Verwaltung und Rechtspflege Berlin
University of Applied Sciences, Alt-Friedrichsfelde 60, 10315 Berlin,
Telefon: (0 30) 90 21 40 05, Fax: (0 30) 90 21 40 06, www.FHVR-Berlin.de

Satz und Herstellung: Books on Demand GmbH, Norderstedt
Bezug durch den Buchhandel.

ISBN 13: 978-3-933633-95-8

Vorwort zur Publikationsreihe

In der vorliegenden Reihe „Beiträge zur europäischen Integration" werden herausragende wissenschaftliche Arbeiten publiziert, die aus den einschlägigen Forschungsaktivitäten an der FHVR Berlin und dem Netzwerk der mit ihr kooperierenden Hochschulen hervorgehen. Damit soll nicht allein die Vielfalt und Qualität der in diesem Rahmen geleisteten Forschung dokumentiert werden, damit wird auch beabsichtigt, die Diskurse um die zukünftige Gestalt Europas und die Funktion der Europäischen Union zu befördern. Der wissenschaftliche Streit und die öffentliche Debatte sind originäre Bestandteile der europäischen Kultur, das moderne Europa ist ein Ergebnis jahrzehntelanger Diskussions- und – manchmal auch quälender – Lernprozesse, an diesen Prozessen aktiv beteiligt zu sein, ist eine der vornehmsten Aufgaben unserer Zeit, und vermutlich ist das europäische Projekt heute mehr denn je auf die pointierte Mitwirkung der unabhängigen Wissenschaft, auf substantielle Reflektionen von Experten und Expertinnen der Praxis sowie auf das kompetente Engagement seiner Funktionsträger in Politik und Verwaltung angewiesen.

Nicht minder belangvoll ist die mögliche Rolle der vorliegenden Reihe bei der Europäisierung von Lehre und Studium: In diesem Sinne sollen die vorliegenden Publikationen zur verstärkten Thematisierung europäischer Inhalte in den Studiengängen der FHVR und zur besseren Verzahnung von Forschung und Lehre beitragen; denn für die meisten an der Ausbildung beteiligten Fachdisziplinen gilt, dass europäische Themen inzwischen zum genuinen Wissens- und Erkenntnisstand gehören. Europäisch vergleichende Analysen sind mittlerweile auf vielen Gebieten zu einem Standard des wissenschaftlichen Methodenkanons geworden und mit der Heterogenität der neuen Mitgliedstaaten wird ihre Bedeutung noch weiter wachsen. Sie sind ein geeignetes Mittel, um die vorhandene Vielfalt, die gemeinhin als inhärenter Reichtum des europäischen Kontinents gilt, in produktivem Sinne zu nutzen und voneinander zu lernen; sie können nicht nur das gegenseitige Verständnis füreinander vertiefen, sondern oft mehr noch zum besseren Begreifen der eigenen gesellschaftlichen Voraussetzungen beitragen.

Mit den in dieser Reihe publizierten Beiträgen geht es auch um die Integration von Wissenschaft und Praxis. Dabei sollen die Querverbindungen und Bezüge zwischen der akademischen Forschung und der politisch-administrativen Praxis mit dem übergreifenden Ziel gestärkt werden, die Legitimität und Effektivität staatlichen Handelns in – vorwiegend vergleichend – europäischer Perspektive zu diskutieren. Zum Einen sollen wissenschaftliche Auseinandersetzungen mit Problemen administrativer Praxis vorgelegt werden, die durch vergleichende Analysen auf Effektivitäts- und Effizienzpotenziale öffentlichen Handelns aufmerksam machen. Zum Anderen sollen mit den hier erscheinenden Publikationen die vielfach komplexen Rechtsgrundlagen und Verfahren europäischen Verwaltungshandelns transparenter gemacht und so implizit die europaspezifischen Kompetenzen der öffentlichen Akteure erweitert werden. Bei allen Klagen über die Komplexität des europäischen Normengeflechts ist die Verrechtlichung der zwischenstaatlichen Beziehungen gleichzeitig ein Markenzeichen des Integrationsprozesses, sie ist ein tragendes Fundament und ein Garant der gemeinsamen Zukunft. Allerdings ist bei der Umsetzung europäischen Rechts in nationalen, regionalen und lokalen Zusammenhängen in vielen Fällen keine starre Rechtsanwendung gefragt, sondern eine Anpassung der europäischen Rechtsvorschriften an die situativen Bedingungen, eine Interpretation im europäischen Geist und damit implizit eine Mitwirkung bei der ständigen Weiterentwicklung des rechtlichen Rahmens der europäischen Integration. So gesehen könnten die Beiträge auch dabei mithelfen, selbst die operative Ebene der öffentlichen Verwaltung zu einem konstruktiven Akteur des europäischen Integrationsprozesses zu machen.

Der Vielfalt der in dieser Reihe behandelten Themen sind nur wenige Grenzen gesetzt. Die Fundamente des symbolträchtigen europäischen Hauses sind in den letzten Jahren zwar zunehmend gefestigt worden: Mit der Erweiterung der EU nach Mittel- und Osteuropa wurde das Ende der Nachkriegsordnung und die Überwindung der historischen Teilung des Kontinents eingeläutet, mit der Einführung des Euro ist der wirtschaftliche Integrationsprozess und die Wirtschafts- und Währungsunion zu einem vorläufigen Höhepunkt geführt worden und mit dem vorliegenden Verfassungsentwurf tritt die Verrechtlichung der zwischenstaatlichen Beziehungen in eine neue Phase ihrer Entwicklung ein. Gleichzeitig geht der Prozess der europäischen Integration aber mit wachsender Dynamik voran und es stellen sich viele neue und alte, noch nicht bewältigte Herausforderungen: Der fortbestehende Globalisierungsdruck stellt das geschichtlich gewachsene europäische Gesellschaftsmodell permanent auf den Prüfstand, die im Zuge der Erweiterung der EU nach Mittel- und Osteuropa gewachsenen regionalen Disparitäten steigern die Komplexität des gemeinschaftlichen Regelungs- und Abstimmungsbedarfs, die notleidenden öffentlichen Haushalte, die Beschäftigungsprobleme und die demographische Entwicklung zwingen die europäischen Staaten zu einer rasanten Beschleunigung ihrer ökonomischen und sozialen Restrukturierungsprozesse, der sich verstärkende Migrationsdruck von außen fordert zu einer kontinuierlichen Auseinandersetzung mit der Spezifik europäischer Kultur- und Lebensformen heraus...

In groben Strichen ist der allgemeine Problemkreis der Beiträge damit skizziert, doch verdient zumindest ein Thema noch besonders Erwähnung zu finden: Die Entwicklung der deutsch-polnischen Kooperation stellt in politischer und kultureller Hinsicht vielleicht die größte Herausforderung der kommenden Jahre dar und im Rahmen ihrer Möglichkeiten wirken die FHVR Berlin und die Adam-Mickiewicz-Universität in Poznan bei der gemeinsamen Durchführung des Studiengangs Europäisches Verwaltungsmanagement aktiv an diesem Projekt mit. Die Zukunft Europas hängt nicht allein von der Ausformung seiner rechtlichen Rahmenbedingungen ab, sondern ebenso von der Vertiefung der Zusammenarbeit zwischen den Institutionen und den wachsenden Bindungen zwischen den Menschen aus seinen verschiedenen Mitgliedstaaten. Trotz einer gemeinsamen Verfassung und trotz der symbolischen Kraft des Euro wird sich Europa weder als hoch verdichtetes Normengeflecht noch als gemeinsamer Wirtschafts- und Währungsraum auf Dauer halten. In diesem Sinne sollen die „Beiträge zur europäischen Integration" auch und gerade die grenzüberschreitende Auseinandersetzung um diesen Prozess unterstützen und im Ergebnis zur Bildung einer von seinen Bürgerinnen und Bürgern getragenen europäischen Zivilgesellschaft beitragen.

Prof. Dr. Erwin Seyfried
Wissenschaftlicher Leiter des Masterstudienganges
Europäisches Verwaltungsmanagement

Inhalt

1.   Vorwort

Die Verwirklichung gleicher Lebens- und Arbeitsbedingungen für Männer und Frauen in Europa unter Berücksichtigung ihrer spezifischen Lebensumstände ist ein lang gehegter Wunsch nicht nur von Feministinnen und Frauenrechtlerinnen.

Der Schriftsteller Stefan Heym griff in seiner Geschichte vom kleinen König dieses Thema auf und ließ stellvertretend Frau Adelheid die Gleichstellungsfrage stellen: *„… Kleiner König, sagte sie, es ist doch nicht gerecht, daß immer die Frauen in der Küche stehen und das Mittagessen kochen und das Geschirr und die Töpfe waschen müssen, und nicht die Männer, oder?" „Ja, ja", sagte der kleine König, „mich deucht, da ist schon was dran."*
„Dann musst du noch heute ein Gesetz verkünden kleiner König", sagte Frau Adelheid, „daß von jetzt an die Männer in der Küche stehen und das Mittagessen kochen und das Geschirr und die Töpfe waschen müssen, und wer das Gesetz nicht befolgt, zahlt Strafe." „Ja, ja", sagte der kleine König, „das ist schon recht so." Frau Adelheid aber sagte: „Worte allein genügen nicht, man muß auch etwas tun"…[1]
„Frau Adelheid" hat mit dieser Äußerung einen entscheidenden Punkt bei der Verwirklichung von Gleichstellung im Alltag berührt. Gesetze, Verordnungen und Richtlinien sind nur ein Anfang – ein wichtiger. Wichtiger als alle theoretischen Überlegungen zur gleichberechtigten Teilhabe von Männern und Frauen ist jedoch, „etwas zu tun", das heißt, Gesetze mit Leben zu erfüllen und dafür zu sorgen, dass ein Umdenkungsprozess in der klassischen Rollenverteilung zwischen Männern und Frauen stattfindet.

Das Thema der Vereinbarkeit von Beruf und Familie wird dabei sowohl von Unternehmen als auch im öffentlichen Beschäftigungssektor noch immer zögerlich angegangen, vor allem wenn sich Arbeitgeber an der männlichen Norm orientieren. Es wird davon ausgegangen, dass der/die Beschäftigte in vollem Umfang seine Arbeitskraft zur Verfügung stellt und alle versorgenden oder betreuenden Dienstleistungen extern bereit stehen. Für Mitarbeiterinnen oder Mitarbeiter mit familiären Verpflichtungen ergibt sich daraus häufig ein Vereinbarkeitsproblem. Mitunter sehen sich die Betroffenen vor die Wahl Karriere oder Familie gestellt.

Doch die Vereinbarkeit von Beruf und Familie ist längst nicht mehr nur ein individuelles Problem von Frauen oder Männern. Angesichts von sinkenden Geburtenraten in vielen europäischen Ländern und gleichzeitiger Bevölkerungsalterung stellte die Europäische Kommission fest: "…Der demographische Wandel, der durch die Bevölkerungsalterung und eine schrumpfende Erwerbsbevölkerung gekennzeichnet ist, stellt auch nach der Erweiterung für die EU eine große Herausforderung dar.

---

[1]   Heym, Stefan, S. 8A

Das Spannungsfeld der Vereinbarkeit von Familien- und Berufsleben, das unter anderem durch mangelnde Kinderbetreuungsmöglichkeiten und weitgehend unflexible Arbeitsbedingungen bedingt ist, ist offenbar in den meisten Mitgliedsstaaten mit ein Grund für die Verschiebung der Geburt des ersten Kindes in höheres Alter und niedrige Geburtenraten. Fakt ist allerdings, dass Mitgliedsstaaten mit umfassenden Strategien zur Förderung der Vereinbarkeit von Familie und Beruf, die sowohl auf die Frauen als auch auf die Männer ausgerichtet sind, höhere Geburtenraten und eine stärkere Beteiligung der Frauen am Arbeitsmarkt verzeichnen...“[2]

Diese negativen Tendenzen in der Bevölkerungsentwicklung rücken auch in Deutschland immer stärker in das Bewusstsein der Menschen. So beurteilten in einer repräsentativen Umfrage des Bundesinstituts für Bevölkerungsentwicklung 84% der Befragten den Rückgang der Geburtenzahlen und 69% die Zunahme der (freiwilligen) Kinderlosigkeit negativ.[3] Umso größer sind die Erwartungen, die die Befragten an die Familienpolitik haben. Im Vordergrund steht der Wunsch nach Maßnahmen, die die Vereinbarkeit von Familie und Beruf erleichtern, wie Flexibilisierung der Arbeitszeiten, Ausbau von Kinderbetreuungsmöglichkeiten, erleichterte Teilzeitarbeit. Diese gestiegenen Erwartungen haben sicher auch mit einem Wandel in der Rolle der Geschlechter zu tun. Es ist mittlerweile breiter gesellschaftlicher Konsens, dass Frauen, die berufstätig sind und deshalb ihre Kinder in Betreuungseinrichtungen untergebracht haben, keine „Rabenmütter“ sind. Eine Änderung der gesellschaftlichen Rahmenbedingungen ist unausweichlich. Die in den 50er und 60er Jahren weit verbreitete Auffassung, dass Kinder in den ersten drei Lebensjahren ausschließlich häuslich betreut werden sollten, wurde nicht zuletzt durch die beispielhafte Politik in den skandinavischen Ländern widerlegt.

Dass es unterschiedliche Modelle für die Unterstützung der Erwerbstätigkeit von Frauen mit Kindern gibt, beweist ein Blick zu unseren europäischen Nachbarn. In Anlehnung an gängige Sozialstaatsklassifikationen werden folgende Modelle unterschieden:

- das französische Modell, das mit überwiegend pronatalistischer Ausrichtung die Erwerbstätigkeit von Frauen unterstützt und Familienpolitik gleichzeitig als Bevölkerungspolitik versteht. Das Geburtenverhalten wird durch Transferzahlungen positiv beeinflusst. Großer Wert wird auf die Kinderbetreuung gelegt, damit insbesondere Mütter Familie und Erwerbstätigkeit vereinbaren können. Gegenwärtig findet eine Neuorientierung der Familien unterstützenden Maßnahmen statt, weg von einer reinen „Geburtenförderung“ hin zu einer Neuordnung der finanziellen Unterstützungsleistungen. Gemeinsam mit einem gut

---

[2] (20c) Europäische Kommission 2005
[3] (15) Dorbritz/Lengerer/Ruckdeschel

ausgebauten staatlichen Kinderbetreuungssystem soll die frühzeitige Rückkehr der Mütter in den Beruf ermöglicht werden.[4]

- das angelsächsische Modell, das die Familie in erster Linie als Privatangelegenheit betrachtet. Diesem Modell folgend ist Familienpolitik vor allem nicht-interventionistisch und enthält Elemente von Armutspolitik. Erwerbstätigkeit von Müttern wird weder behindert noch gefördert. Angeregt durch europäische Richtlinien und Empfehlungen hat Großbritannien in den letzten Jahren vor allem mit der „Work-Life-Balance"- Kampagne große Anstrengungen unternommen, um Anschluss an die Sozialstandards der führenden europäischen Staaten zu finden.

- das skandinavische Modell verfolgt eine starke Orientierung auf die Gleichheit der Geschlechter und die Unterstützung erwerbstätiger Eltern. Beide Elternteile werden darin unterstützt, Familie und Beruf zu vereinbaren. Kennzeichen dieser Familienpolitik sind sehr gute Kinderbetreuung, relativ große Transferzahlungen für einen eng begrenzten Zeitraum und die Förderung der Vätererziehung.

- das deutsche Modell zeichnet sich durch sehr hohe Transferzahlungen an Familien aus und weniger durch die Unterstützung der Vereinbarkeit von Beruf und Familie

Neben diesen ausgeprägten Modellen gibt es noch hybride Formen, wie z.B. in Südeuropa, in denen sich weitgehende Abwesenheit von Familienpolitik mit Traditionalität und privaten Arrangements verbindet. Die zentralen Unterscheidungsmerkmale bei allen Modellen sind die Höhe der Einkommenstransfers und das Angebot an Infrastruktur.[5]

Die vorliegende Untersuchung soll herausarbeiten, welche grundlegenden Unterschiede es bezüglich der Vereinbarkeit von Beruf und Familie in ausgewählten Mitgliedsländern der Europäischen Union und insbesondere zwischen Deutschland und Schweden gibt. Warum hat Deutschland, das im internationalen Vergleich hohe finanzielle Transfers an Familien leistet, so eine geringe Geburtenrate, so viele Kinderlose und eine vergleichsweise geringe Frauenerwerbstätigkeit zu verzeichnen? Woran liegt es, dass viele gut qualifizierte Frauen in Deutschland lieber auf Kinder verzichten, um im Beruf voranzukommen? Und warum ist in Schweden offenkundig für Frauen *beides* möglich – Kinder zu haben und erwerbstätig zu sein? Was bedeutet es für die Gleichstellung der Geschlechter, wenn Frauen *Mütter und erwerbstätig* sein wollen und welche Rahmenbedingungen müssen dafür gegeben sein?

---

[4] (56) Wegener/Lippert
[5] (111) BMFSFJ (2003)

Die vorliegende Arbeit will anhand ausgewählter Indikatoren wie Frauenbeschäftigungsquoten, Arbeitszeitverteilung, sozialen Transfers und Elternzeitregelungen sowie steuerlichen Faktoren Gemeinsamkeiten und Unterschiede bei
der Vereinbarkeit von Beruf und Familie in beiden Ländern und deren eventuellen
Einfluss auf die Lebenssituation von Frauen mit Kindern erarbeiten.

2. Gender Mainstreaming – Frauenförderung oder Männerbenachteiligung?

2.1. Begriffsklärung

In den meisten Mitgliedsstaaten der EU setzt sich erst allmählich die Einsicht durch, dass höhere Frauenerwerbstätigkeit bei gleich bleibenden oder steigenden Geburtenziffern nicht zwangsläufig eine „Bedrohung" für den oft (männlich dominierten) Arbeitsmarkt sein muss. Vor allem die skandinavischen Staaten verfolgen bereits seit den 70er Jahren konsequent einen Ansatz der Geschlechtergleichstellung. Alle Konzepte zur Vereinbarkeit von Familie und Beruf sind stets gleichermaßen auf Väter und Mütter ausgerichtet. Angesichts der Bedeutung dieses gleichstellungspolitischen Ansatzes sei hier ein kurzer theoretischer Rückblick gestattet.

Für den Begriff des Gender Mainstreaming (GM), der sich in die deutsche Sprache nur unzureichend übersetzen lässt und deshalb meist in der englischen Form gebraucht wird, gibt es zahllose Definitionen und Erklärungsversuche. Ausgangspunkt jeder Betrachtung zu diesem Thema ist die Definition des Europarates von 1998, für den GM in der „ …(Re)-Organisation, Verbesserung, Entwicklung und Evaluation der Entscheidungsprozesse (besteht), mit dem Ziel, dass die an politischer Gestaltung beteiligten AkteurInnen den Blickwinkel der Gleichstellung zwischen Frauen und Männern in allen Bereichen und auf allen Ebenen einnehmen." [6]
GM geht davon aus, dass das Geschlecht Einfluss hat auf die Verteilung von Arbeit, Geld, Macht, Teilhabe am gesellschaftlichen Leben und dass das Geschlechterverhältnis nach wie vor hierarchisch organisiert ist. Es gibt demzufolge keine Geschlechtsneutralität bei politischen Maßnahmen oder Entscheidungen. Aus diesem Ansatz heraus hat die EU die SMART-Methode entwickelt (simple method to assess the relevance of policies to gender), die zwei zentrale Fragen stellt:

1. An welche Zielgruppen richten sich die geplanten Maßnahmen?

2. Welche Unterschiede bestehen zwischen Männern und Frauen bei den geplanten Maßnahmen (in Hinblick auf Rechte, Ressourcen, Interessen)? [7]

Ziel der Anwendung dieser Methode ist es, in jedem Politikbereich und auf allen Ebenen die unterschiedlichen Ausgangsbedingungen und Auswirkungen auf das jeweilige Geschlecht zu beachten, um eine tatsächliche Gleichstellung von Männern und Frauen zu erreichen. Entscheidend ist die Erkenntnis, dass die Le-

---

[6]   (21b) Europarat 1998
[7]   (27) Jansen/Röming/Rohde (2003)

benswirklichkeiten von Frauen und Männern ganz unterschiedlich sind, und sich deshalb auch scheinbar neutrale Entscheidungen unterschiedlich auswirken können. So wurde z.B. frühzeitig festgelegt, dass bei den EU-Förderprogrammen Frauen entsprechend ihrem Anteil an den Arbeitslosen aus dem ESF zu fördern seien. Die Evaluation zeigte dann, dass dies häufig der Fall gewesen war. Es zeigte sich aber auch, dass sich an der geschlechtsspezifischen und geschlechtshierarchischen Arbeitsteilung nichts geändert hatte.[8]

GM ist also nicht einfach eine neue „Form" der Frauenförderpolitik, sondern ein neuer Ansatz, um eine wirkliche Gleichstellung beider Geschlechter zu erreichen. Neben dem Gender-Ansatz gibt es weiterhin gezielte Maßnahmen (positive Aktionen), die sich konkreter Problemstellungen annehmen und gezielt Frauen fördern (Lohnungleichheit, Gewalt gegen Frauen u.a.). Die EU hat sich in ihrer Rahmenstrategie zur Gleichstellung von Mann und Frau zu diesem dualen Ansatz bekannt. (GM/Frauenförderung). Wie man GM als strategische Zielperspektive verstehen kann, sei an einem Beispiel verdeutlicht:

Pragmatische Bedürfnisse	Strategische Perspektive
• Arbeitsplätze • Existenzsicherung	• Abbau der horizontalen und vertikalen Segregation • Gleiches Einkommen für gleichwertige Leistung
• Teilzeitarbeitsplätze, um Familie und Beruf vereinbaren und einer Beschäftigung nachgehen zu können	• Gleiche Verteilung der Betreuungsarbeit auf Frauen und Männer • Gleiche Verteilung der Teilzeitarbeit auf Frauen und Männer • Beschäftigungssystem, in dem Teilzeitarbeit keine berufliche Schlechterstellung bringt.
• Kinderbetreuungseinrichtungen (Öffnungszeiten, Erreichbarkeit, Qualität)	• Gleiche Verteilung von Betreuungsarbeit auf Frauen und Männer, unterstützt von öffentlichen Einrichtungen[1]

Wenn auch viele europäische Mitgliedsstaaten in den letzten Jahren Initiativen umgesetzt haben um vor allem in der Beschäftigungspolitik GM zu verwirklichen, lassen sich jedoch zahlreiche methodisch-konzeptionelle und auch praktische Probleme nicht leugnen. In den meisten Staaten (außer in Skandinavien) fehlt eine positive Vorstellung, wie eine „geschlechtergerechte" Gesellschaft eigentlich aussehen soll, welche Rollen Männer, Frauen und auch der Staat dabei einnehmen sollen. Die Vereinbarkeit von Beruf und Familie wird allzu oft als frauenpolitisches Problem thematisiert und die Steigerung der Frauenerwerbstätigkeit nur mit einer

---

[8]   (48) Rösgen/Kratz (2003)

16

Erweiterung der Kinderbetreuung in Zusammenhang gebracht, ohne auch die veränderte Rolle der Väter zu betrachten.

2.2. Entwicklung von Frauenförderpolitik und Gender Mainstreaming

Die Europäische Gemeinschaft hat sich seit ihrer Gründung um die Umsetzung des Grundsatzes der Gleichberechtigung von Frauen und Männern bemüht.

Zahlreiche von der EU geschaffene Rechtsvorschriften sollen gleiche Rechte beim Zugang zu Berufsbildung, Beschäftigung und in Bezug auf die Arbeitsbedingungen gewährleisten. In Art. 119 des EWG-Vertrages von 1957 wurde lediglich der Grundsatz „gleicher Lohn für gleiche Arbeit" als Vorstufe einer „Gleichstellungspolitik" verankert. Erst im so genannten Sozialprotokoll zum Maastricht-Vertrag, der am 1. November 1993 in Kraft trat, haben sich die Mitgliedsstaaten (mit Ausnahme von Großbritannien) auf die Möglichkeit von Frauenfördermaßnahmen ausdrücklich geeinigt. Der im Mai 1999 in Kraft getretene Vertrag zur Gründung der Europäischen Gemeinschaft (EG-Vertrag) vom 7. Februar 1992 in der Fassung vom 2. Oktober 1997 (Amsterdamer Vertrag) eröffnete neue Perspektiven für die Gleichstellungspolitik in Europa. Bis zu diesem Zeitpunkt hatten die Organe der EU durch Richtlinien, Rahmenvereinbarungen, Leitlinien und Urteile bereits vielfältige Maßnahmen zur Förderung der Gleichstellung von Frauen ergriffen. Ausgehend von der ursprünglichen Betrachtung der Europäischen Union als Wirtschaftsunion richtete sich zunächst auch das Hauptaugenmerk der Gleichstellungspolitik auf die Arbeitswelt.

2.3. Richtlinien zur Gleichstellung von Frauen und Männern vor dem Amsterdamer Vertrag

Die Richtlinien als zentrales Regelungsinstrument der EU verpflichten die Mitgliedsstaaten zur Umsetzung der in ihnen enthaltenen europäischen Regelungen in nationales Recht. Dabei setzen sie nur Mindeststandards und überlassen es den Mitgliedsstaaten, konkrete Regelungen zu treffen. Doch die Mitgliedsstaaten gehen mit der Herausforderung, die „…nationale Gesetzgebung auf die in Brüssel gemeinsam beschlossenen europäischen Gleichstellungsnormen abzustimmen, höchst unterschiedlich um. [...] Schweden ist Vorreiter der Europäisierung von Chancengleichheits- und Gleichstellungspolitik, da es bis zum Zeitpunkt seines EU-Beitritts 1995 alle gleichstellungspolitischen EU-Richtlinien und im Anschluss daran alle folgenden Normen pünktlich und inhaltlich korrekt umsetzte.…Italien und Deutschland gehörten dagegen zu den Nachzüglern, da sie ihr nationales

Recht nur äußerst zögerlich und mit Defiziten an die EU-Gleichstellungsnormen anzupassen bereit oder in der Lage waren." [9]
So musste der Europäische Gerichtshof im Zeitraum von 1971 – 2000 mit insgesamt 133 Vorabentscheidungsverfahren die Mitgliedsstaaten an ihre europäischen Verpflichtungen erinnern.

Die von der EU nach 1970 zunächst entwickelte erste Generation formaler Chancengleichheitsnormen orientierte sich stark an „männlichen" Leitbildern abstrakter Gleichheit und versuchte vor allem, die Rechte *erwerbstätiger* Frauen zu stärken. [10]
Beispielhaft sei hierfür die Richtlinie 75/117/EWG des Rates vom 10.Februar 1975 zur Angleichung der Rechtsvorschriften der Mitgliedsstaaten über die Anwendung des Grundsatzes des gleichen Entgelts für Männer und Frauen erwähnt, die durch § 612 Abs. 3 BGB im Jahr 1980 in das deutsche Arbeitsrecht umgesetzt wurde. [11]
Der EuGH hat diese Richtlinie in seine Rechtssprechung zur Einbeziehung des gleichen Entgelts auch bei gleichwertiger Arbeit integriert und jede Diskriminierung aufgrund des Geschlechts untersagt.[12]

Die Gleichbehandlungsrichtlinie 76/207/EWG [13] vom 9. Februar 1976 regelt den Grundsatz der Gleichbehandlung in Bezug auf die Arbeitsbedingungen hinsichtlich des Zugangs zur Beschäftigung, einschließlich des Aufstiegs, und des Zugangs zur Berufsbildung sowie in Bezug auf die Arbeitsbedingungen und die soziale Sicherheit. Diese der Gleichstellung in der Arbeitswelt dienende „Gleichbehandlungsrichtlinie" ist am 13. Juni 2002 mit dem Ziel einer Konkretisierung der Verpflichtung zum Abbau von Hindernissen für die Frauenerwerbstätigkeit durch Umsetzung des Gleichbehandlungsgrundsatzes den seit 1976 veränderten Gegebenheiten angepasst worden und am 5. Oktober 2002 mit einer dreijährigen Umsetzungsfrist in Kraft getreten. Weitere Richtlinien betrafen die Durchführung von Maßnahmen zur Verbesserung der Sicherheit und des Gesundheitsschutzes von schwangeren Arbeitnehmerinnen, Wöchnerinnen und stillenden Arbeitnehmerinnen am Arbeitsplatz. (Richtlinie 92/85/EWG v. 19. Oktober 1992) und die Verlagerung der Beweislast bei Vorliegen einer Diskriminierung (Richtlinie 97/80/EG des Rates v. 15.Dezember 1997).

Die Teilzeitrichtlinie 97/81/EG wurde vom Ministerrat der Europäischen Union am 15. Dezember 1997 erlassen und in Deutschland durch das Teilzeit- und Befristungsgesetz vom 21. Dezember 2000 umgesetzt. Gedacht ist die Teilzeit-

---

[9] (33) Liebert (2003)
[10] ebd
[11] Abl. EG 1975 Nr. L v. 19.02.1975
[12] (17) Engler (2005)
[13] Abl. EG 1976 Nr. L , S. 40

richtlinie als ein „Beitrag zur allgemeinen europäischen Beschäftigungsstrategie", sie dient „der Anerkennung der Vielfalt der Verhältnisse in den Mitgliedsstaaten" und legt „in Erkenntnis, dass Teilzeitarbeit ein Merkmal der Beschäftigung in bestimmten Branchen und Tätigkeiten ist, die allgemeinen Grundsätze und Mindestvorschriften für die Teilzeitarbeit nieder." Explizit erwähnt wird auch das Verbot der Diskriminierung von Teilzeitbeschäftigten, das bislang nur durch das Verbot der mittelbaren Diskriminierung auf europäischer Ebene umgesetzt wurde. [14] Dies ist auch unter gleichstellungspolitischen Aspekten von Bedeutung, da nach wie vor die überwiegende Anzahl der Teilzeitbeschäftigten Frauen sind.

Neben der Verabschiedung von Richtlinien gewannen die Aktionsprogramme zur Chancengleichheit (das erste wurde für den Zeitraum 1982–1985 verabschiedet) zunehmend an Bedeutung.
Bedingt durch die Entwicklung auf den Arbeitsmärkten wurde deutlich, dass die Frauen in großer Zahl erwerbstätig sein wollten, dies zog verstärkt Diskussionen über die geschlechtsspezifische Arbeitsteilung und die unzureichenden Möglichkeiten der Kinderbetreuung nach sich. Es mussten neue strategische Ansätze gefunden werden, um die ständige Reproduktion der Ungleichheit beim Zugang zum Arbeitsmarkt zu beseitigen. [15]

2.4. Die beschäftigungspolitischen Leitlinien nach Amsterdam – Die Europäische Beschäftigungsstrategie und ihre Wirkungen auf die Frauenerwerbstätigkeit

Mit dem Amsterdamer Vertrag wurde erstmals im *Primärrecht* der EU die Gleichstellung von Männern und Frauen als grundlegende Aufgabe der Gemeinschaft definiert (Art. 2 und Art. 3 Abs. 2 EG-Vertrag) und nach Art. 137 Abs. 1–5 unterstützt und ergänzt die EU die Tätigkeit der Mitgliedsstaaten auf dem Gebiet der Chancengleichheit von Frauen und Männern auf dem Arbeitsmarkt und der Gleichbehandlung am Arbeitsplatz. Der rechtliche Rahmen ist demzufolge abgesteckt. Der Gleichstellung von Männern und Frauen steht also (theoretisch) nichts im Wege. Trotzdem musste die Europäische Kommission im Jahre 2000 selbstkritisch konstatieren: „...Zwar hat sich die Situation der Frauen in der EU bereits erheblich verbessert, doch wird die Gleichstellung der Geschlechter im täglichen Leben nach wie vor dadurch unterminiert, dass Frauen und Männer in der Praxis nicht die gleichen Rechte genießen." [16] Als Konsequenz aus dieser Einschätzung fordert die Kommission in ihrer Rahmenstrategie im Aktionsbereich „Wirtschafts-

---

[14]   (17) Engler
[15]   (48) Rösgen/Kratz
[16]   (20g) Europäische Kommission (2000)

leben", „... die geschlechtsspezifischen Unterschiede im Beschäftigungsbereich zu reduzieren, die Vereinbarkeit von Arbeits- und Familienleben zu erleichtern ..." und gibt als operatives Ziel die Stärkung der Gleichstellungsdimension in der Europäischen Beschäftigungsstrategie (EBS) aus.

Mitte der 90er Jahre rückte das Thema Beschäftigung immer mehr in den Blickpunkt der europäischen Politik. Vor dem Vertrag von Amsterdam beschränkten sich die Themen Beschäftigung und Arbeitsmarktpolitik auf die traditionelle Zusammenarbeit zwischen Regierungen. Der Vertrag änderte zwar nichts an dem Grundsatz, dass die Mitgliedsstaaten für die Beschäftigungspolitik zuständig sind, doch er übertrug den europäischen Institutionen neue Aufgaben und eine stärkere Rolle. Der Vertrag betont, dass mehr Beschäftigung ein gemeinsames Interesse aller Mitgliedsstaaten ist und verpflichtet sie auf eine koordinierte Beschäftigungsstrategie. Gleichzeitig schuf er den Rahmen für ein Länderüberwachungsverfahren, das seine Ausgestaltung durch den jährlichen Gemeinsamen Beschäftigungsbericht von Kommission und Rat, die von der Kommission jährlich vorgeschlagenen Beschäftigungsleitlinien und die Nationalen Aktionspläne der Mitgliedsstaaten erfuhr. Seit den Beschäftigungsleitlinien von 1999 ist die Forderung Gender Mainstreaming als Querschnittsthema in allen anderen Bereichen zu implementieren, ein Bestandteil der Europäischen Beschäftigungsstrategie.

Bislang sind die Ergebnisse des GM-Ansatzes in den Leitlinien aber eher als bescheiden anzusehen. So sollten unter der Säule IV (Förderung der Chancengleichheit) einerseits der Stand der Umsetzung des GM dokumentiert und andererseits die spezifischen Maßnahmen zur Förderung der Chancengleichheit dargestellt werden. In den Ausführungen zu den Nationalen Aktionsplänen wird deutlich, dass die meisten Länder damit begonnen haben, Regelungen und Einrichtungen zur Kontrolle der Entwicklung des GM einzurichten. Spezielle Programme zur Frauenförderung werden ebenso aufgeführt wie Initiativen zur Kinderbetreuung oder zum Elternurlaub. Zu den für GM zur Verfügung gestellten Budgets werden nur selten Angaben gemacht, in den meisten Fällen sind die Ansätze jedoch minimal.[17]

In den beschäftigungspolitischen Leitlinien nennt die Kommission auch Felder, die sich zum Gender Mainstreaming besonders gut eignen und anbieten. Als Beispiele für Querschnittsansätze werden genannt: die Beteiligung der Frauen in allen arbeitsmarktpolitischen Programmen entsprechend ihrem Anteil an den Arbeitslosen, die Überprüfung der Steuer- und Abgabensysteme mit Blick auf geschlechtsspezifische Diskriminierung, Beseitigung von Hindernissen für Frauen, die sich selbständig machen wollen etc. Ferner werden die Mitgliedsstaaten aufgefordert

---

[17]   Siehe auch: (34) Maier, Friederike (2002)

die Frauenerwerbstätigkeit zu fördern, vor allem im Hinblick auf die Erreichung der Ziele von Lissabon (Frauenerwerbsquote von 60% im Jahr 2010). Die Leitlinien 2001 greifen auch das Thema der Kinderbetreuungseinrichtungen und der Pflege von Angehörigen auf. So wird erstmals die „Bereitstellung bezahlbarer, leicht zugänglicher und hochwertiger Betreuungsangebote für Kinder und pflegebedürftige Angehörige" (Leitlinie 18) explizit gefordert.

„… Mit den beschäftigungspolitischen Leitlinien, den Zielvorgaben hinsichtlich der Erhöhung der Frauenerwerbstätigkeit und der Kinderbetreuung haben sich die europäischen Länder auf eine gemeinsame Gleichstellungsstrategie verständigt."[18] Es wird somit die Tatsache akzeptiert, dass fast alle Politiken, Maßnahmen und Instrumente im Bereich der Beschäftigung eine geschlechtsspezifische Wirkung haben.

Wichtige ungenutzte Ressourcen auf dem Arbeitsmarkt sind neben den älteren Arbeitnehmern vor allem die jungen (gut ausgebildeten) Frauen, deren Integration in den Beschäftigungssektor Produktivitäts- und Innovationsgewinne verspricht. „Die Allokation ihrer Arbeitskraft in der privaten Haushaltsproduktion (inklusive Kinderbetreuung) wird…als Verschwendung von Ressourcen betrachtet."[19] Es ist demzufolge nicht nur unter demoskopischen oder sozialpolitischen Aspekten sinnvoll, die Vereinbarkeit von Beruf und Familie zu fördern, sondern auch unter ökonomischen.

Die beschäftigungspolitischen Leitlinien enthalten viele tragfähige Ansätze zur Förderung der Erwerbstätigkeit insbesondere von Frauen – es fehlen jedoch verbindliche arbeitsrechtliche Regelungen. So bleibt die konkrete Umsetzung und die Organisation der sozialen Sicherungssysteme den Mitgliedsstaaten vorbehalten, die hier einen sehr unterschiedlichen Standard erreicht haben. Ein Haupthindernis der europäischen Strategie zur Wiederherstellung der Vollbeschäftigung im Allgemeinen und speziell zur Erhöhung der Frauenbeschäftigung ist nach Meinung von Ökonomen allerdings das derzeit herrschende Grundverständnis der makroökonomischen Politik. Arbeitslosigkeit resultiert demnach aus mangelnder Flexibilität des Arbeitskräfteangebotes. Senkung der Arbeitskosten und Förderung der Flexibilität gelten als Allheilmittel, was insbesondere die Situation von Frauen verschärft. So arbeiten Frauen heute bereits zum Großteil in prekären Beschäftigungsverhältnissen mit niedrigem Lohn und geringer Qualifikation. Gleichzeitig werden Maßnahmen zur besseren Vereinbarkeit von Beruf und Familie als weitere Einschränkung der Flexibilität und nicht zumutbare Erhöhung der Arbeitskosten abgelehnt.[20]

---

[18]   Ebd.
[19]   Ebd.
[20]   (8) Buchholz/Schratzenstaller (2002)

3. Vereinbarkeit von Erwerbstätigkeit und Familie – ein Anspruch europäischer Gleichstellungspolitik

In ihrem Jahresbericht für 2002 zur Chancengleichheit für Männer und Frauen in der EU zog die Europäische Kommission eine erste Zwischenbilanz der praktizierten Doppelstrategie zur Geschlechtergleichstellung. Es wurde konstatiert, dass die geschlechtsspezifischen Unterschiede insbesondere bei der Beschäftigungs- und Arbeitslosenquote verringert werden konnten. Gleichzeitig stellte die Kommission fest, dass es nach wie vor erhebliche geschlechtsspezifische Unterschiede bei den Gründen für Nichterwerbstätigkeit gibt. Während Männer überwiegend nicht erwerbstätig sind, weil sie entweder in der Ausbildung oder im Ruhestand sind, sind es bei fast der Hälfte der Frauen familiäre oder häusliche Verpflichtungen, die sie von einer Beteiligung am Erwerbsleben fernhalten.

Darüber hinaus stellte die Kommission fest, dass negative Steueranreize in den Mitgliedsstaaten die Entscheidung der Frauen für oder gegen Erwerbstätigkeit beeinflussen, insbesondere dann, wenn dieser Faktor in Kombination mit dem Faktor Betreuungsaufgaben und dem nach wie vor bestehenden geschlechtsspezifischen Lohngefälle zum Tragen kommt. [21] Hier benennt die Kommission bereits einige der grundlegenden Probleme in Bezug auf eine stärkere Erwerbsbeteiligung von Frauen. Ausgangspunkt der Analysen sind jeweils die Zielsetzungen der Europäischen Beschäftigungsstrategie (Gesamtbeschäftigungsquote 2010 von 70% und eine Frauenbeschäftigungsquote von 60%). Um auf diesem Weg Erfolge zu erreichen, schlägt die Kommission den Mitgliedsstaaten eine Überarbeitung ihrer Steuer- und Sozialsysteme vor, um Abbau von Arbeitslosigkeit zu erreichen und Anreize für Frauen zum Eintritt, zum Verbleib oder zur Rückkehr in den Arbeitsmarkt nach einer Erwerbsunterbrechung zu schaffen. [22]

3.1. Stand der Vereinbarkeit von Familie und Beruf in einigen europäischen Mitgliedsstaaten

3.1.1. Frauenbeschäftigungsquoten

Die Entscheidung vor allem von Frauen mit Kindern für oder gegen Erwerbstätigkeit ist sicherlich auch immer individuell begründet. Dem Staat obliegt es jedoch, die Voraussetzungen zu schaffen, um Frauen, die das wünschen, den Zugang zum Arbeitsmarkt auch nach Unterbrechungen der Erwerbstätigkeit zu ermöglichen. Der Stand der Frauenerwerbstätigkeit lässt sich vor allem an der Beschäftigungs-

---

[21]   (20b) Europäische Kommission (2003)
[22]   (20d) Europäische Kommission (2003)

und der Arbeitslosenquote sowie der Verteilung der Arbeitszeit (Teilzeit/Vollzeit) ablesen.

Während die Erwerbsquote der Frauen angibt, wie viele Frauen im erwerbsfähigen Alter (zwischen 15 und 64 Jahren) dem Arbeitsmarkt zur Verfügung stehen, weist die Beschäftigungsquote den Anteil der Frauen im erwerbsfähigen Alter aus, die tatsächlich einen abhängigen oder selbstständigen Beschäftigung nachgehen.

Die Beschäftigungsquote der weiblichen Bevölkerung in der EU 25 betrug 2004 55,7 %.[23] Spitzenreiter in der Frauenerwerbstätigkeit sind die skandinavischen Länder Schweden, Norwegen und Dänemark, wo die Frauenbeschäftigungsquote bei über 70 % liegt.

Männliche und weibliche Beschäftigungsquoten differieren nach wie vor stark. So lag die männliche Beschäftigungsquote 2004 in der EU-25 bei 70,9 %. Damit ist das Zwischenziel der Europäischen Beschäftigungsstrategie, 2005 eine Frauenbeschäftigungsquote von 57 % zu erreichen, bislang noch nicht erreicht worden. Bei der Ursachenforschung stößt man unweigerlich auf die Tatsache, dass bei Frauen mit Kleinkindern die Beschäftigungsquote um 13,6 Prozentpunkte niedriger ist als bei kinderlosen Frauen. Gleichzeitig leisten Frauen nach wie vor den größten Teil der Hausarbeit und haben dementsprechend weniger Zeit für bezahlte Erwerbstätigkeit. Männer leisten in der EU weniger als 40 % sämtlicher Hausarbeiten. Bei Paaren mit Kindern, die bis zu 6 Jahre alt sind, nehmen sie zwischen 25 % und 36% der Kinderbetreuungspflichten wahr. [24]

Aus diesen Zahlen lässt sich die Schlussfolgerung ableiten, dass trotz aller gleichstellungspolitischen Regelungen Frauen nach wie vor einen Großteil der unbezahlten Kinderbetreuungs- und Hausarbeit leisten. Ein differenzierter Blick auf die Familienpolitik der einzelnen Mitgliedsstaaten zeigt jedoch große Unterschiede. Es stellt sich die Frage nach der richtigen Ausrichtung von familienorientierter Politik und sinnvollen Zielvorgaben. Ist es z.B. sinnvoll, angesichts ständig steigender Jugenderwerbslosigkeit und fehlenden Zugangs für junge Menschen zu Ausbildung und Erwerbstätigkeit einfach nur eine Erhöhung der Geburtenrate anzustreben? Sollten Familien nur als Lebensgemeinschaften mit Kindern gesehen werden oder nicht vielmehr als auf Dauer angelegte Solidargemeinschaft mit mehr als einer Generation? Bereits heute gibt es vielfältige Modelle, bei denen die Älteren Aufgaben der Kinderbetreuung übernehmen und so jungen Frauen Erwerbstätigkeit ermöglichen. Ein von reiner Fertilitätsbetrachtung wegführender Ansatz wäre hier wünschenswert.

---

[23]   (22a) Eurostat-Jahrbuch 2004
[24]   (22b) Eurostat (2002)

Erwerbsunterbrechungen nach der Geburt eines Kindes erschweren häufig die Rückkehr der Mütter in den Beruf und bedingen als Folge auch höhere Erwerbslosigkeit bei Frauen. So liegt die weibliche Erwerbslosenquote in der EU 25 mit 10,2 % in 2004 über der Gesamterwerbslosenquote von 9,0 %.[25] Frauen (insbesondere mit Kindern) sind also eher und häufig auch länger von Arbeitslosigkeit betroffen. Kommen fehlende flexible Arbeitszeitregelungen und unzureichende Kinderbetreuungsmöglichkeiten erschwerend hinzu, gelingt manchen Müttern der berufliche Wiedereinstieg überhaupt nicht mehr.

Die nachstehende Abbildung zeigt den Stand der Frauenerwerbstätigkeit in einigen ausgewählten Mitgliedsstaaten der EU.

Land	Beschäftigungsquote - Frauen	Wochenarbeitszeit (Mittel)	Teilzeiterwerbstätig (Frauenanteil an den Teilzeitbeschäftigten)	Erwerbstätigkeit von Müttern (Stand 2002)
Belgien	53,0%	38 Std.	80,6%	71,0%
Dänemark	72,0%	37 Std.	64,5%	k.A.
Deutschland	59,9%	37,5 Std	82,8%	51,4%
Frankreich	56,9%	35 Std.	80,6%	56,8%
Niederlande	65,7%	34 Std.	76,0%	62,3%
Norwegen	72,7%	40 Std.	74,1%	k.A.
Schweden	71,8%	40 Std.	69,5%	k.A.

Abb. 1: Erwerbstätigkeit von Frauen im europäischen Vergleich (Stand 2004)
Quelle: OECD Employment Outlook 2005 ([26])

Aus den Zahlen wird deutlich, dass der Anteil der Frauen an der Gesamtbeschäftigtenzahl in den einzelnen Ländern sehr unterschiedlich ist. Während in den skandinavischen Ländern die in der Beschäftigungsstrategie anvisierte Frauenbeschäftigungsquote von 60 % schon jetzt bei weitem überstiegen wird, weisen Deutschland oder Belgien noch Nachholbedarf auf. Dafür sind in Belgien überdurchschnittlich viele Mütter erwerbstätig, was einem sehr gut ausgebauten Kinderbetreuungssystem zuzuschreiben ist. Gemeinsam ist allen ausgewählten Ländern, dass Frauen den Großteil der Teilzeitbeschäftigten stellen, wobei Deutschland einen besonders hohen Anteil an Teilzeitbeschäftigung bei Frauen verzeichnet.

---

[25]   (22a) Eurostat
[26]   http://www.oecd.org/dataoecd/36/30/35024561.pdf

3.1.2. Arbeitszeitverteilung

Betrachtet man die Verteilung der Arbeitszeit, ergibt sich sowohl zwischen Männern und Frauen als auch im Vergleich der einzelnen Mitgliedsstaaten ein sehr differenziertes Bild.

Land	Insgesamt		Männer		Frauen	
	1995	2004	1995	2004	1995	2004
EU 15	16,0	19,5	5,2	7,2	31,3	35,2
Belgien	13,6	21,6	2,8	6,8	29,8	41,0
Dänemark	21,6	22,5	10,4	12,5	35,5	33,9
Deutschland	16,3	22,3	3,6	6,5	33,8	41,6
Frankreich	15,6	16,6	5,0	5,2	28,9	30,0
Niederlande	37,3	45,6	16,7	22,5	67,3	74,8
Norwegen	27,7	29,6	10,0	15,0	48,0	45,8
Schweden	26,2	23,9	10,7	12,4	43,4	36,4

Abb. 2: Entwicklung der Teilzeitbeschäftigung/ Teilzeitbeschäftigte Personen in %
(Stand 2004)
Quelle: Eurostat

Die Abbildung macht deutlich, dass in allen ausgewählten Mitgliedsstaaten die Teilzeitbeschäftigung zugenommen hat. In Belgien, Deutschland und den Niederlanden hat sich vor allem bei Frauen die Teilzeitbeschäftigung erhöht, wobei die Niederlande gewissermaßen einen Sonderfall darstellen, da dort traditionell mehr in Teilzeit gearbeitet wird, was sich auch an dem relativ hohen männlichen Teilzeitbeschäftigungsgrad ablesen lässt. Einschränkend muss gesagt werden, dass es sich hierbei allerdings in erster Linie um Studenten oder ältere Männer handelt. Nur 2% der Väter in Familien sind teilzeitbeschäftigt.[27]

Die Vermutung liegt nahe, dass vor allem Mütter mit kleineren Kindern Teilzeitmodelle in Anspruch nehmen. Die Vermutung wird gestützt durch eine Untersuchung von Eurostat im Auftrag der Europäischen Kommission zur Vereinbarkeit von Familie und Beruf, die darauf verweist, dass die Arbeitsmarktbeteiligung von

---

[27] (30) Knijn, Trude (2002)

Frauen im Alter zwischen 20 und 49 Jahren mehr von der Anzahl und dem Alter der Kinder abhängig ist, als das bei Männern dieses Alters der Fall ist. So liegt in der EU-25 die Beschäftigungsquote von Frauen dieser Altersgruppe bei 60%, wenn sie Kinder unter 12 Jahren haben, verglichen mit 75%, wenn sie keine Kinder haben. Demgegenüber beträgt die Quote bei Männern mit Kindern unter 12 Jahren 91%, das sind 5 Prozentpunkte weniger als bei Männern ohne Kinder. Das bedeutet, dass Teilzeitbeschäftigung vor allem ein Modell für Frauen mit jüngeren Kindern ist und die Männer nicht im gleichen Umfang an der Kinderbetreuung durch Arbeitszeitverkürzung beteiligt sind. [28]

Große Unterschiede zeigen sich hierbei auch zwischen den einzelnen Mitgliedsstaaten. Während Teilzeitbeschäftigung zur Kinderbetreuung in den neuen Mitgliedsstaaten eher unüblich ist, ist der Anteil der teilzeitbeschäftigten Mütter in den Niederlanden, Deutschland, Großbritannien, Österreich und Belgien sehr hoch.

Gleichzeitig nimmt die Beschäftigungsquote mit steigender Kinderzahl ab. Während in der EU-25 die Beschäftigungsquote für Frauen zwischen 20 und 49 Jahren mit einem Kind unter 12 bei 65% liegt, fällt sie auf 58% bei Frauen mit zwei Kindern und auf 41% bei Frauen mit drei oder mehr Kindern. Umgekehrt nimmt die Teilzeitbeschäftigtenquote bei Müttern zu. Während sie bei Müttern mit einem Kind unter 12 Jahren bei 33% liegt, steigt sie auf 44% bei Müttern mit zwei Kindern und auf 51% bei Müttern mit drei und mehr Kindern.[29] Offenkundig wird es für Mütter mit mehreren Kindern immer schwieriger, Familie mit Vollbeschäftigung zu vereinbaren.

Unterschiede in den einzelnen Mitgliedsstaaten zeigen sich auch bei der Aufteilung der Beschäftigung bei Paaren mit oder ohne Kinder.
Während in den neuen Mitgliedsstaaten bei fast 45% der Paare beide Partner voll berufstätig sind, überwiegt in Ländern wie den Niederlanden, Großbritannien, Deutschland und Österreich das Modell, dass der Mann vollbeschäftigt ist und die Frau in Teilzeit arbeitet. In Ländern wie Spanien, Portugal, Malta oder Italien ist dagegen in den meisten Fällen nur der Mann beschäftigt.

---

[28] (22c) Eurostat (2005)
[29] Ebd.

Land	BE	DK	DE	FR	NL	EU 25
Mann und Frau vollzeitbeschäftigt	43	k.A.	37	52	27	45
Nur der Mann beschäftigt	25		26	25	21	29
Mann vollzeitbeschäftigt/Frau teilzeitbeschäftigt	24		28	16	44	19
Mann und Frau teilzeitbeschäftigt oder Frau vollzeit- und Mann teilzeitbeschäftigt	3		2	2	4	2
nur die Frau beschäftigt	5		7	5	4	5
gesamt	100		100	100	100	100

Abb. 3: Einteilung der Beschäftigung bei Paaren zwischen 20-49 Jahren in % der Paare, Norwegen und Schweden keine Angaben
Quelle: Eurostat, European Labour Force Survey 2003

Das häufigste Beschäftigungsmodell bei Paaren in Europa ist demnach die Vollzeitbeschäftigung beider Partner, gefolgt von der alleinigen Beschäftigung des Mannes. Nur bei einer verschwindend geringen Anzahl von Paaren sind beide teilzeitbeschäftigt bzw. ist die Frau allein vollbeschäftigt. Die o.g. Zahlen verschieben sich, wenn Kinder unter 12 Jahren im Haushalt leben. So sind in der EU-25 nur bei knapp 36% aller Paare mit Kindern unter 12 Jahren beide Partner vollbeschäftigt, während das Modell, dass der Mann allein beschäftigt ist, bei Paaren mit Kindern bei 38% das vorherrschende ist.

Neben den Arbeitszeitmustern beeinflussen soziale Sicherungssysteme das Arbeitsangebot von Frauen in mehrfacher Hinsicht. Von Bedeutung dabei ist, ob nicht erwerbstätige Ehefrauen bei dem erwerbstätigen Ehemann mit versichert sind oder ob Beiträge und Leistungen der Sozialversicherung individualisiert sind. In Mitgliedsstaaten mit ehezentriertem Sozialmodell basieren die sozialen Sicherungssysteme auf dem männlichen Ernährerprinzip. Sie gewähren abgeleitete Ansprüche aus den Sozialversicherungsbeiträgen des Ehepartners (z.B. beitragsfreie Familienversicherung für nichterwerbstätige Ehepartner in der Krankenversicherung in Deutschland). Dies kann negative Effekte auf das weibliche Arbeitsangebot haben, weil es rational sein kann, sich für unbezahlte Haushaltsproduktion statt für bezahlte Erwerbstätigkeit zu entscheiden. Einkommensgrenzen oder Arbeitszeitgrenzen für geringfügige Beschäftigung, unterhalb derer keine Sozialversicherungsbeiträge entrichtet werden müssen, können solche Beschäftigungsverhältnisse für Ehefrauen attraktiv machen. [30] Insgesamt hat in der EU die Abdrängung von Frauen in so genannte prekäre Beschäftigungsverhältnisse in den letzten Jahren zugenommen. Einen ausgesprochenen Niedriglohnsektor, bei dem die Ehefrau nur als Zuverdie-

---

[30] (8) Buchholz-Will/Schratzenstaller

28

nerin betrachtet wird, gibt es allerdings außer in Deutschland in Europa nur noch in Großbritannien.

3.1.3. Arbeitslosigkeit bei Frauen

Unterschiede zwischen Männern und Frauen lassen sich jedoch nicht nur hinsichtlich der Verteilung der Arbeitszeit erkennen, sondern auch bei der Betroffenheit von Erwerbslosigkeit. So sind im EU-Durchschnitt mehr Frauen von Erwerbslosigkeit betroffen als Männer und es ist für Frauen offenkundig auch schwieriger, nach dem Verlust des Arbeitsplatzes wieder Anschluss an den ersten Arbeitsmarkt zu finden, was durch die höhere Quote an weiblichen Langzeiterwerbslosen belegt wird. Auch wenn Mütter in der Erwerbslosenstatistik nicht gesondert aufgeführt werden, liegt die Vermutung nahe, dass für viele Arbeitgeber die voraussichtlich notwendige Betreuung kleinerer Kinder ein Einstellungshindernis ist.

Land	Arbeitslosen-quote Gesamt	männlich	weiblich	Langzeit-arbeitslose männlich	Langzeit-arbeitslose weiblich
EU-15		8,1	10,2		
Belgien	7,9	7,1	8,9	3,4	4,3
Dänemark	5,4	5,1	5,7	1,1	1,2
Deutschland	9,5	8,7	10,5	4,4	5,6
Frankreich	9,6	8,7	10,5	3,5	4,4
Niederlande	4,6	4,3	4,8	1,5	1,6
Norwegen	4,4	4,8	4,0	1,0	0,6
Schweden	6,3	6,5	6,1	1,4	1,0

Abb. 4: Arbeitslosenquoten in % – Stand 2004 (Langzeitarbeitslose = 12 Monate und mehr, in der Industrie und im Dienstleistungsgewerbe, in Unternehmen mit mehr als 10 Mitarbeitern)
Quelle: Eurostat

Hervorzuheben sind die skandinavischen Länder, wo es sowohl bei den männlichen als auch bei den weiblichen Arbeitslosenzahlen kaum nennenswerte Unterschiede gibt. Offenkundig gibt es in diesen Ländern kaum geschlechtsspezifische Ursachen im Hinblick auf die Betroffenheit von Erwerbslosigkeit.

In den anderen Mitgliedsstaaten sind jedoch Frauen stets in höherem Maß von Arbeitslosigkeit betroffen als Männer. So ergibt sich nicht von ungefähr als eine entscheidende Forderung von befragen Eltern im Hinblick auf die Vereinbarkeit von Beruf und Familie die nach der Verringerung von Arbeitslosigkeit, d.h. dem Zugang zu Erwerbstätigkeit insbesondere von allein erziehenden Müttern und der Verlässlichkeit von Erwerbseinkommen bei (potenziellen) Eltern.

3.2. Familienpolitische Leistungen – ein europäischer Vergleich

3.2.1 Elternurlaubsregelungen und Transferleistungen

In allen europäischen Ländern existieren mehr oder weniger weit reichende Regelungen zum Mutterschutz und zum Elternurlaub. Insbesondere die skandinavischen Länder haben spezielle Formen des Vaterurlaubs eingeführt, die nur diesem zur Verfügung stehen und so einen Anreiz für stärkere Erziehungsbeteiligung durch Väter geben sollen. Die nachstehende Abbildung fasst die wichtigsten Leistungen in ausgewählten Ländern zusammen:

Land	Dauer des Mutterschutzes in Wochen vor+nach Geburt	Dauer des Elternurlaubes in Monaten	Transferleistungen im Elternurlaub in € pro Monat	Kindergeld für das erste Kind in € pro Monat
Belgien	7+8	3 oder 6 (Teilzeit)	536,65	68
Dänemark	4 + 24 (zusätzlich 2 für Väter	10 (zusätzlich 2 für Väter)	Max. 395,- pro Woche, einkommensabhängig	131,- (0-3 Jahre) 119,- (3-7 Jahre) 94,- (8-18 Jahre)
Deutschland	6 + 8	36	307,- für max. 2 Jahre 460,- für ein Jahr	154,-
Frankreich	6 + 10 (zusätzlich 3 Tage für Väter)	36	keine beim ersten Kind	151,- (0-3 Jahre nach Bedürftigkeit)
Niederlande	4 bis 6 + 10 bis 12 16 insgesamt	13 Wochen in Stunden berechnet	Keine	53,- (0-3 Jahre) 64,- (6-11 Jahre) 76,- (12-17 Jahre)
Norwegen	12 + 39 bis 49 (zusätzlich 4 für Väter)	42 bis 52 Wochen (zusätzlich 4 für Väter)	80% des letzten Einkommens bei 52 Wochen, sonst 100%	103,-
Schweden	12 zusätzlich 2 für Väter	18 (480 Tage) 2 exklusiv für Väter	Für 390 Tage 80% anrechenbaren Einkommens, dann Pauschalsatz (6,30 € pro Tag)	99,-

Abb. 5: Mutterschutz, Elternurlaub und Kindergeld
Quelle: Bertelsmann-Stiftung

Der Vergleich zeigt, dass die Länder, die als Lohnersatzleistung ausgestaltete Erziehungsgeldregelungen haben, auch die Länder sind, die auf hohe Frauenbeschäftigungsquoten verweisen können. Pauschale, vom vorherigen Erwerbseinkommen unabhängige Unterstützungszahlungen in relativ geringer Höhe veranlassen eher Mütter zur Aufgabe der Berufstätigkeit, da ihr Verdienst in der Regel niedriger ist. Ein als Lohnersatzleistung ausgestaltetes Erziehungsgeld dagegen bietet einen positiven Anreiz für den Elternteil mit dem höheren Einkommen- oft der Vater- den Erziehungsurlaub zu nehmen.[31] So treten in den skandinavischen Ländern 58% bis 80% der Väter den Vaterschaftsurlaub tatsächlich an.[32] Diesem Ansatz folgen zunehmend mehr europäische Länder, so prüfen neben Deutschland auch Großbritannien und Frankreich gegenwärtig die Einführung solcher am vorherigen Einkommen orientierten Erziehungsgeldzahlungen. Auch die exklusive Reservierung bestimmter Teile des Elternurlaubs für Väter kann, kombiniert mit Kinderbetreuung und Teilzeitbeschäftigung, den vollständigen Rückzug von Müttern vom Arbeitsmarkt verhindern.

Deutschland hat im internationalen Vergleich relativ großzügige Elternzeitregelungen. Da die Gewährung des Erziehungsgeldes aber nach den ersten 6 Monaten an sehr enge Einkommensgrenzen gebunden ist, ergibt sich gerade für Väter mit höherem Einkommen in finanzieller Hinsicht kein Anreiz Elternzeit in Anspruch zu nehmen, obwohl sogar beide Elternteile gleichzeitig oder abwechselnd sich zur Betreuung des Kindes beurlauben lassen könnten. Zusammen mit relativ hohen Kindergeldzahlungen befördern solche Elternzeitregelungen tendenziell eher den längerfristigen Ausstieg der Mütter aus dem Erwerbsleben.

Eine Änderung ist nur zu erwarten, wenn über Lohnersatzleistungen oder gesetzliche Verpflichtungen Väter zur Inanspruchnahme von Elternurlaub veranlasst werden.

Elternzeit- und Erziehungsgeldregelungen, die die individuelle Betreuung von Kindern durch deren Eltern unterstützen, müssen dabei durch ganztägige, öffentlich subventionierte Kinderbetreuungseinrichtungen flankiert werden. Nur so können Eltern, die nicht auf teilweise oder volle Erwerbsarbeit verzichten können oder wollen, Beruf und Familie miteinander verbinden.

3.2.2. Kinderbetreuungssysteme

In den Empfehlungen für Deutschland zur Umsetzung der europäischen Beschäftigungsstrategie wird in Hinblick auf die bessere Vereinbarkeit von Beruf und Familie stets der Ausbau der Kinderbetreuung vor allem für die Kinder unter

---

[31] (8) Buchholz-Will/Schratzenstaller
[32] (4a) Bertelsmann-Stiftung (2002)

drei Jahren aufgeführt. Gerade der westliche Teil Deutschlands ist von einer flächendeckenden Betreuung von Kleinkindern noch weit entfernt. Im internationalen Vergleich zeigt sich, dass auch hier die skandinavischen Länder einen großen Vorsprung verzeichnen können. Führend ist Dänemark mit einem Versorgungsgrad von fast 64%, dicht gefolgt von Norwegen und Schweden.

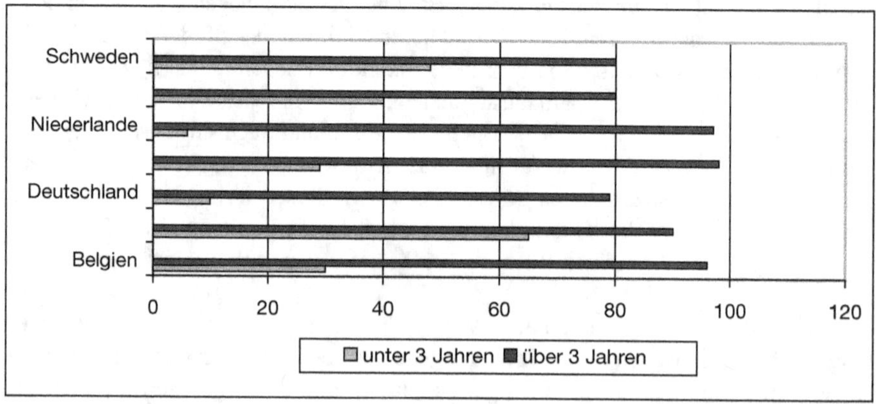

Abb. 6: Anteil der Kinder, der eine Betreuungseinrichtung besucht, in %
Quelle: OECD-Employment Outlook 2001

Während in Deutschland auch bei den über 3-jährigen Kindern ein Versorgungsgrad knapp unter 80% erreicht wird, liegt er in Belgien, Frankreich und den Niederlanden zwischen 80 und 98%. Noch deutlicher ist der Unterschied bei der Betreuung der unter 3-jährigen. Insgesamt ist der Versorgungsgrad mit Betreuungseinrichtungen für Kinder über drei Jahren in allen ausgewählten Ländern deutlich höher als für die Kinder unter drei Jahren. Ein hoher Versorgungsgrad an Kinderbetreuung auch für Kleinkinder kann jedoch den längerfristigen Erwerbsausstieg von Müttern verhindern, wie das Beispiel Norwegen zeigt. Dort sind 86% der Frauen mit Kindern zwischen drei und sechs Jahren berufstätig. Die Kindertagesstätten unterliegen kommunaler Verantwortung und das Ganztagsangebot wird sowohl von privaten als auch von öffentlichen Einrichtungen bereitgestellt. In den Niederlanden gibt es ebenso wie in Dänemark ein gut ausgebautes Betreuungssystem mit Krippen (0–3 Jahre), Tagesstätten (3–6 Jahre) und Horten (6–10 Jahre), das häufig mit einer Frühförderung gekoppelt ist. In Belgien steht den Eltern gleichfalls eine flächendeckende Kinderbetreuung in verschiedenen Formen zur Verfügung. Fast alle Kinder ab zweieinhalb Jahren besuchen die „ecóle maternelle", eine kostenfreie Vorschule, in der die Kinder von 8.30 Uhr bis 15.30 Uhr betreut werden. Frankreich setzt ebenfalls auf eine umfangreiche Kinderbetreuung mit Krippen, in denen bereits die Kleinsten ab zweieinhalb Monaten bis zu drei Jahren betreut werden können. Entscheiden sich die Eltern für die Anstellung einer Tagesmutter, tragen sie nur ein Viertel der entstehenden Kosten, die überdies steuerlich absetzbar sind. Die Sozialversicherungsbeiträge werden vom Staat übernommen.[33] Gerade in Frankreich hat sich jedoch in den letzten Jahren ein Umdenken in der Familienpolitik bemerkbar gemacht. So steht nicht mehr die Geburtenförderung (3. Kind) im Vordergrund der familienpolitischen Aktivitäten des Staates, sondern die Orientierung auf Gleichberechtigung und eine Neuordnung der finanziellen Unterstützungssysteme.[34]

Doch nicht nur die Betreuung der 0–6-jährigen Kinder kann die Erwerbstätigkeit von Müttern einschränken. Spätestens mit Beginn der Schulpflicht sind Mütter bei fehlender Hort- oder Ganztagsschulbetreuung gezwungen ihre Wochenstundenzahl zu reduzieren, um die Nachmittagsbetreuung ihrer Kinder sicherzustellen. Auch hier gibt es im europäischen Vergleich sehr unterschiedliche Ansätze. Während in Belgien und Frankreich täglich bis auf einen Nachmittag in der Woche bis 15.00 Uhr Unterricht stattfindet und in der Regel ein Angebot an Mittagsversorgung mit gleichzeitiger Aufsicht sichergestellt wird, findet in Österreich oder Deutschland der Unterricht meist nur am Vormittag statt und es wird nur selten eine Mittagsversorgung oder Ganztagsbetreuung angeboten (fehlende Horte und Ganztagsschulen sind vor allem in den alten Bundesländern zu verzeichnen). In den Niederlanden findet der Unterricht auch bis 15.30 Uhr mit einer Mittagspause statt, die Nachmittagsbetreuung und Versorgung wird jedoch in der Regel von den Eltern organisiert.

In Dänemark und Schweden gibt es flexible Unterrichtszeiten, die Nachmittagsbetreuung wird in die Schulzeiten integriert.[35]

3.2.3. Steuerliche Einflussfaktoren auf die Erwerbstätigkeit von Frauen

Das weibliche Arbeitsangebot wird unter anderem auch durch Verfahren der Ehegattenbesteuerung beeinflusst, die nicht neutral hinsichtlich des Familienstandes sind. Einkommenssteuersysteme, in denen Ehegatten gemeinsam veranlagt werden, bieten je nach Ausgestaltung Steuererleichterungen für verheiratete Paare an oder benachteiligen nicht verheiratete Paare.

In Europa gibt es derzeit nur drei Länder, die am Verfahren der gemeinsamen Ehegattenbesteuerung festhalten (Deutschland, Frankreich, Portugal). Alle anderen Länder haben entweder vollständig individualisierte Steuersysteme (Schweden,

---

[33]   (37) Müller,Sabine S. 4
[34]   (56) Wegener/Lippert (2004)
[35]   (4a) Bertelsmann-Stiftung

Großbritannien, Österreich) oder partiell individualisierte Steuersysteme. Beim so genannten „Ehegattensplitting", das in Deutschland zur Anwendung kommt, wird das Einkommen des verheirateten Paares zusammengerechnet und durch zwei geteilt. Auf jeweils die Hälfte wird der normale Steuertarif angewendet. Der sich so ergebende Betrag wird wieder verdoppelt und ergibt die Steuerschuld des Paares. Vor allem bei größeren Einkommensdifferenzen der Partner kommt eine deutlich geringere Progression zum Tragen als bei Unverheirateten. Demgegenüber ist der Grenzsteuersatz für das zweite Einkommen besonders hoch (z.B. wenn die Ehefrau nach der Elternzeit die Erwerbstätigkeit wieder aufnehmen will). Daraus ergibt sich ein negativer Arbeitsanreiz für verheiratete Frauen. [36] Es „lohnt" sich oft schlichtweg für diese Frauen nicht, eine bezahlte Tätigkeit aufzunehmen. Der Steuervorteil steigt mit der Differenz der Erwerbseinkommen von Ehefrau und Ehemann und wird in der Alleinverdienerehe maximiert. So wird die Entscheidung über den Umfang der Erwerbstätigkeit steuerlich beeinflusst.

Eine andere Variante des Splittingsystems wendet Frankreich an. Dort kommt das „Familiensplitting" zum Tragen, d.h. das Familieneinkommen wird durch die Anzahl der Haushaltsangehörigen geteilt, die entsprechende Steuerrate angewendet und dann wieder mit der Anzahl der Haushaltsangehörigen multipliziert. Für Kinder wird dabei ein geringerer Steuersatz zur Anwendung gebracht.

Neutrale Steuersysteme besteuern dagegen jeden Verdiener im Haushalt individuell, unabhängig vom Familienstand. Bei vollständig individualisierten Steuersystemen gilt stets derselbe Steuertarif unabhängig vom Familienstand oder dem Erwerbsstatus oder -einkommen des Partners. Die geringste Steuerlast ergibt sich hier bei einer möglichst gleichmäßigen Verteilung des Haushaltseinkommens auf beide Partner.

Bei partiell oder nominell individualisierten Steuersystemen wurde das Prinzip der individuellen Besteuerung der Ehepartner eingeführt, gleichzeitig wurden jedoch bestimmte Steuererleichterungen für Alleinverdiener wie die Gewährung eines Steuerfreibetrages und die Übertragbarkeit des steuerfreien Existenzminimums vom erwerbstätigen auf den anderen Partner bewahrt. Somit kann sich bei diesem Steuersystem eine ähnlich hohe Entlastung für Paare wie beim Splitting ergeben.

Insgesamt ist nicht allein der Steuertypus entscheidend für die mögliche Be- oder Entlastung bestimmter Erwerbsmuster, da in den verschiedenen Mitgliedsstaaten die Steuerbelastung- und progression sehr variieren. Die steuerlichen Anreizsysteme wirken aber nicht immer signifikant auf die Erwerbsmuster ein. So streben Paare in Ostdeutschland trotz der steuerlichen Begünstigung der Alleinverdienerehe durch das Ehegattensplitting eher die Vollzeiterwerbstätigkeit beider Partner

---

[36] (14a) Dingeldey, Irene (2002)

34

an. Auch in Dänemark, wo Steuererleichterungen den Alleinverdiener begünstigen, sind überwiegend beide Partner mit geringerer Stundenzahl erwerbstätig.[37] Die Entscheidung für bestimmte Erwerbsmuster, so z.B. die Wiederaufnahme einer (Teilzeit-)Erwerbstätigkeit nach einer Unterbrechung, scheint nicht in erster Linie von steuerlichen Bedingungen abhängig zu sein, sondern vielmehr von den bereits genannten infrastrukturellen (Kinderbetreuung). So wird in Skandinavien offiziell das Zweiverdienermodell als familienpolitisches Leitbild propagiert und durch entsprechenden Ausbau der Kinderbetreuungssysteme begünstigt, während in Deutschland der Terminus „Doppelverdiener" noch immer einen eher unangenehmen Beiklang hat.

3.3. Schlussfolgerungen aus dem europäischen Vergleich:

Zusammenfassend lässt sich im europäischen Vergleich als Trend konstatieren, dass familienpolitisch erfolgreiche Länder eher in Dienstleistungen als in finanzielle Transfers investieren (Abb. 7). Insbesondere an den Beschäftigungsquoten von Müttern lässt sich erkennen, welche Mitgliedsstaaten eher in den Ausbau einer familienfreundlichen Infrastruktur investieren oder in welchen Ländern finanzielle Transfers für Eltern-Kind-Gemeinschaften bestimmend für die familienpolitische Ausrichtung sind.

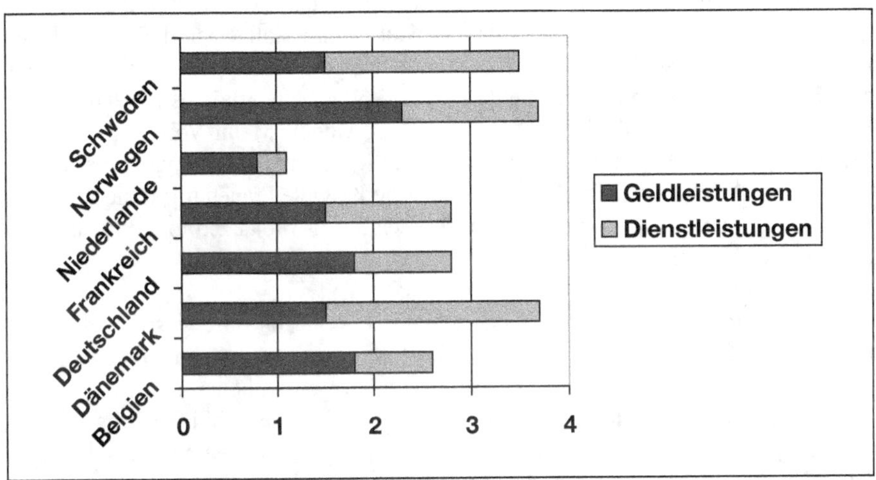

Abb. 7: Dienstleistungen und Geldleistungen für Familien im europäischen Vergleich
Quelle: Bertelsmann-Stiftung, Gütersloh 2002

---

[37] (14a) Dingeldey (2002)

Studien belegen, dass Länder mit einer gut ausgebauten öffentlich finanzierten Betreuungsinfrastruktur auch höhere Frauenerwerbsquoten zu verzeichnen haben. Dies ist vor allem entscheidend für die Mütter mit unter dreijährigen Kindern, bei denen der Betreuungsaufwand naturgemäß besonders hoch ist. [38] Gleichfalls belegen lässt sich der Zusammenhang zwischen der Betreuungsquote und der Geburtenrate. So haben Länder wie Frankreich, Norwegen, Dänemark und Schweden mit einer Betreuungsquote für Kinder unter drei Jahren zwischen annähernd 29% (Frankreich) und ca. 63% (Dänemark) auch signifikant höhere Geburtenraten (Frankreich ca., 1,83 und Dänemark ca. 1,72) zu verzeichnen als beispielsweise Deutschland mit einer Betreuungsquote von knapp 10% und einer Geburtenrate von ca. 1,3 Kindern pro Frau. Trotz der gegenüber Deutschland um ein Drittel höheren Geburtenrate in den skandinavischen Ländern sind dort dreiviertel der Frauen erwerbstätig gegenüber zweidrittel erwerbstätiger Frauen in Deutschland. Besonders auffällig ist das niedrige Beschäftigungsniveau bei allein erziehenden Müttern und hoch qualifizierten Frauen. [39] Die Ursachen hierfür sollen im nächsten Abschnitt ausführlicher untersucht werden.

Neben der Betreuungsinfrastruktur, der Höhe der finanziellen Transfers und den Elternurlaubsregelungen haben vor allem Arbeitszeitmodelle, der mögliche Umfang der Beschäftigung und steuerliche Anreize Auswirkungen auf die Erwerbsentscheidung von Frauen. So stimmen in den meisten europäischen Ländern die tatsächlichen und die gewünschten Arbeitszeitmuster nicht überein. Besonders große Differenzen zeigen sich bei dem Modell Mann/Vollzeit und Frau/Vollzeit. In Österreich, Deutschland und Finnland möchten bei fast doppelt so vielen Paaren mit Kindern unter sechs Jahren beide Partner voll arbeiten, wie es tatsächlich der Fall ist. Ein ähnliches Bild ergibt sich bei dem Modell Mann/Vollzeit und Frau/ Teilzeit. Auch diese Variante wird von wesentlich mehr Paaren angestrebt, als es in der Realität umgesetzt werden kann. [40] Das heißt, viele Frauen mit Kindern unter sechs Jahren werden auch durch fehlende geeignete Arbeitszeitmodelle von einer Erwerbstätigkeit abgehalten.

In vielen europäischen Ländern hat sich die Erkenntnis durchgesetzt, dass als Lohnersatzleistung fungierende Transferleistungen nach der Geburt eines Kindes oder entsprechende gesetzliche Regelungen Vätern einen höheren Anreiz bieten, Elternurlaub in Anspruch zu nehmen und damit Frauen weiterhin Erwerbstätigkeit zu ermöglichen. Neben den skandinavischen Ländern, in denen bereits solche gesetzlichen Vorgaben existieren, prüfen auch Länder wie Deutschland, Frankreich und Großbritannien die Umsetzung ähnlicher Erziehungsgeldregelungen. Dagegen

---

[38]   (4a) Bertelsmann-Stiftung
[39]   (4a) Bertelsmann-Stiftung
[40]   (41b) OECD (2001) Kapitel 4, Tabelle 4

befördern hohe Transferzahlungen über einen langen Zeitraum, verbunden mit steuerlichen Anreizen, die die „Alleinverdienerehe" unterstützen, den längerfristigen Erwerbsausstieg von Müttern mit allen damit verbundenen Nachteilen, wie Verlust von Qualifikation und sozialen Kontakten zur Arbeitswelt und Belastung der Sozialsysteme durch fehlende Beitragszahlungen. Individualisierte Beiträge und Leistungen der Sozialversicherung machen Frauen in ihrer Erwerbsentscheidung unabhängiger vom Familienstand. Vom Ehemann abgeleitete Ansprüche drängen Frauen eher in geringfügige Beschäftigungsverhältnisse oder bieten negative Anreize für den Ausstieg aus der Erwerbstätigkeit. Offensichtlich ist, dass die europäischen Länder, die einen konsequenten Gleichstellungsansatz verfolgen, auch die besten Ergebnisse bei der Vereinbarkeit von Beruf und Familie vorweisen können.

4. Vereinbarkeit von Beruf und Familie für Frauen in Deutschland

Der Geburtenrückgang in Deutschland begann vor etwa 35 Jahren. Die Ursachen waren und sind vielfältig. Neben der in den 60er Jahren aufkommenden Empfängnisverhütung und der damit einher gehenden „Planbarkeit" des Nachwuchses spielten auch die Veränderung der Geschlechterrollen und der Wandel in den Lebensläufen eine wesentliche Rolle. Frauen hatten immer längere Ausbildungszeiten zu verzeichnen. Die unzureichende Vereinbarkeit von Beruf und Familie erschwerte die Umsetzung eines potenziellen Kinderwunsches. Hinzu kamen Strukturen, die Kinderlosigkeit ökonomisch erleichterten, wie die Tatsache, dass für die Höhe der Altersversorgung in Deutschland die Anzahl der eigenen Kinder nahezu unerheblich ist und dass Kinderlosigkeit die private Ersparnisbildung begünstigt. Fehlende gesellschaftliche Anerkennung für Elternschaft und Unsicherheit über Zukunftschancen (Ausbildungsplätze) haben mit dazu geführt, dass Deutschland einen weltweit einmaligen Anteil von einem Drittel kinderloser Lebensgemeinschaften zu verzeichnen hat sowie einen starken Rückgang von Mehrkindfamilien. [41]

Um die Bevölkerungszahl konstant zu halten, müsste die derzeitige Geburtenrate von 1,3 Kindern pro Frau auf 2,1 Kinder steigen. Nur die Zuwanderung hat bisher eine Schrumpfung der Bevölkerung verhindert. Prognosen der Demographen gehen davon aus, dass die derzeitige Bevölkerungszahl von 82,4 Mill. Einwohnern auf 75 Mill. im Jahr 2050 fallen wird. Die gleichzeitig steigende Lebenserwartung wird dazu führen, dass immer mehr ältere Menschen immer weniger jungen gegenüber stehen. Während aktuell auf 100 Erwerbspersonen 44 Rentner kommen, werden es im Jahr 2050 bereits 80 Rentner sein.[42]

Folgen der Schrumpfung der Gesellschaft sind neben einem Rückgang des Arbeitskräfteangebotes ein zunehmender Fachkräftemangel und eine sinkende Zahl von Steuerzahlern und Beitragszahlern für die Sozialsysteme. Bemerkbar wird sich der Bevölkerungsrückgang auch in einer sinkenden Nachfrage nach Infrastruktur (Schulen, Krankenhäuser etc.) machen.

Ein Beitrag zur Lösung dieses Problems kann in der Steigerung der Erwerbstätigkeit von Frauen liegen. Einerseits kann mit einer höheren Frauenbeschäftigungsquote dem Fachkräftemangel wirkungsvoll begegnet werden, wenn das Arbeitskräftepotenzial der jungen und gut ausgebildeten Frauen genutzt wird. Der Strukturwandel wird vor allem zur Entstehung von Arbeitsplätzen im Dienstleistungssektor führen, für die Frauen oft qualifizierter als Männer sind. Außerdem trägt eine kontinuier-

---

[41] (23) Forum Demographischer Wandel (2005)
[42] Ebd.

liche Erwerbstätigkeit zum Erhalt von erworbenen Qualifikationen bei. Darüber hinaus sorgt die Steigerung der Frauenbeschäftigung für einen Zuwachs an Einnahmen des Staates durch mehr Beitragszahlerinnen für die Sozialsysteme und ein höheres Steueraufkommen sowie sinkende Sozialausgaben (z.B. Sozial- und Arbeitslosenhilfe).

Die sich aus diesen Ansätzen ergebenden Erwartungen an deutsche Familienpolitiker sind ganz klar. So gaben in einer Umfrage des Bundesinstituts für Bevölkerungsforschung 90,3% der befragten Männer und Frauen im Alter zwischen 20–39 Jahren an, dass sie sich flexible Arbeitszeiten für berufstätige Eltern mit kleinen Kindern wünschen; 89,4% sprachen sich für bessere Möglichkeiten zur Tagesbetreuung von Kindern ab drei Jahren bis zum Schulalter aus. Ebenfalls stark vertreten mit 89,4% war die Forderung nach mehr und besseren Teilzeitarbeitsmöglichkeiten. Niedrigere Lohn- und Einkommenssteuern für Eltern minderjähriger Kinder wünschten sich 87,2% der Befragten. [43] Erst auf den hinteren Plätzen finden sich Wünsche nach Erhöhung des Kindergeldes oder anderen finanziellen Zuschüssen für Kinder.
Diese Umfragen zeigen, dass sich Eltern in Deutschland in erster Linie eine bessere Vereinbarkeit von Familie und Beruf wünschen und erst in zweiter Linie eine stärkere finanzielle Unterstützung.

Vor dem Problem, Erwerbstätigkeit und Kinderbetreuung miteinander vereinbaren zu müssen, stehen vor allem allein erziehende Elternteile, deren Anzahl sich in den letzten Jahren stetig erhöht hat. So gab es im März 2004 in Deutschland 2,5 Mill. allein Erziehende. Von den 12,5 Mill. Eltern-Kind-Gemeinschaften war damit jede fünfte allein mit Kindern lebend, 85% davon waren allein erziehende Mütter.[44] Für diese Eltern ist die Verfügbarkeit von kostengünstiger und flexibler Kinderbetreuung entscheidend, um einer Erwerbstätigkeit nachgehen zu können.

Insgesamt ist nach Auffassung der Sachverständigenkommission zur Erstellung des 7. Familienberichtes eine Kombination aus drei Elementen erforderlich, um in Deutschland den „Achterbahneffekt" nach der Geburt eines Kindes zu verhindern: ein Neuzuschnitt von Geldleistungen, Zeitpolitik und Infrastrukturpolitik.[45]

---

[43] (15) Dorbritz/Lengerer/Ruckdeschel (2005)
[44] (53) Daten nach Statistisches Bundesamt (2004)
[45] (11g) BMFSFJ (2005)

4.1. Stand der Vereinbarkeit von Familie und Beruf in Deutschland

4.1.1. Erwerbstätigkeit bei Frauen mit Kindern

Erwerbstätigkeit wirkt sich prinzipiell in zwei Richtungen aus. Zum einen bedeutet jede Erwerbstätigkeit Einkommen und zum zweiten eine Ressourcen- und Zeitbeanspruchung. Für Mütter bedeutet das, dass Zeit und Ressourcen, die für Erwerbstätigkeit aufgebracht werden müssen, nicht gleichzeitig für die Kinderbetreuung zur Verfügung stehen. Kinderbetreuung und Arbeitsangebote für Mütter sind dementsprechend Substituten. Je höher das erzielte Einkommen der Mütter ist, umso gravierender der „Substitutionseffekt". Das heißt, Mütter stehen vor der Entscheidung zwischen einer sich „lohnenden" Arbeit und der Erziehung von Kindern, die zunächst von realen Einkommensverlusten begleitet ist.

Im März 2004 gab es in der Bundesrepublik 11,6 Mill. Mütter und 9,9 Mill. Väter im erwerbsfähigen Alter (15-64 Jahre), die mit einem Kind im Haushalt lebten. Davon standen tatsächlich 7,4 Mill. Mütter und 8,5 Mill. Väter im Arbeitsverhältnis. Die Erwerbstätigenquote betrug damit 85% bei den Vätern und 64% bei den Müttern. Auch hier zeigt sich, dass der überwiegende Anteil der Kinderbetreuung durch die Mütter zu Lasten eigener Erwerbstätigkeit geleistet wird.

Deutschlandweit war die Erwerbstätigenquote bei Müttern 2004 gegenüber 1996 um 6 Prozentpunkte auf 61% gestiegen, was in erster Linie auf eine Ausweitung der Teilzeitbeschäftigung zurückzuführen ist. Vor allem in den alten Bundesländern ist seit 1975 eine Zunahme der Beschäftigung bei Müttern zu verzeichnen. Betrug 1975 der Anteil der 25-45-jährigen Frauen mit Kindern dort noch 42,3%, so war es im Jahr 2000 schon ein Anteil von 63,1%. Zugenommen hat vor allem die Teilzeitbeschäftigung unter den westdeutschen Müttern. Das Modell, der nur „Hausfrau und Mutter" ist zunehmend dem der gleichzeitig zur Kinderbetreuung erwerbstätigen Mutter gewichen.

In Ostdeutschland waren vor der Wiedervereinigung 9 von 10 Müttern vollzeiterwerbstätig. Das DDR-System war gekennzeichnet durch kurzzeitige hohe Transferleistungen nach der Geburt eines Kindes (90% Lohnfortzahlung für ein Jahr) und die Erwartung, dass Mütter dann wieder rasch in das Berufsleben zurückkehrten. Dazu wurde ein flächendeckendes System der Kinderbetreuung für alle Altersgruppen angeboten. Private Kinderbetreuung und damit in Zusammenhang stehende Teilzeitbeschäftigung oder Beurlaubung waren eher die Ausnahme. Hier gab es nach der Wiedervereinigung einen starken Einbruch der Erwerbstätigenquote, der in erster Linie mit dem Wegfall vieler Industriearbeitsplätze erklärbar ist. Mitte der 90er Jahre stabilisierte sich der Anteil bei ungefähr 75% Beschäftigung bei Müttern mit Kindern.

Die Vermutung, dass die Umbrüche in der Erwerbsbiographie bei Frauen stark mit der Geburt von Kindern zusammenhängen, wird an der Tatsache deutlich, dass 83% der 28-jährigen Frauen ohne Kinder erwerbstätig waren, aber nur 38% der gleichaltrigen Mütter (Stand: März 2004). Unterschiede zeigen sich nach wie vor im Erwerbsverhalten von Frauen in Ost und West. Während die Vollzeitquote erwerbstätiger Mütter im Osten bei 48% lag, betrug sie im Westen Deutschlands gerade einmal 20%.[46] Mit der Familiengründung gibt ein beträchtlicher Teil der Mütter den Beruf vorübergehend auf und kehrt erst mit zunehmendem Alter der Kinder wieder ins Erwerbsleben zurück. Die Statistik zeigt auch, dass je mehr Kinder zu betreuen sind, um so seltener Mütter erwerbstätig sind. So waren im März 2004 61% (Ost: 71%) der Mütter mit zwei Kindern erwerbstätig, und 47% (Ost: 52%) der Mütter mit drei und mehr Kindern.

Ferner sind Mütter umso seltener erwerbstätig, je jünger die Kinder sind. Ist das jüngste Kind im Haushalt unter drei Jahren alt, war im März 2004 nur ein Drittel der Mütter erwerbstätig (31%) und knapp 17% waren vorübergehend beurlaubt. Die höchste Erwerbstätigenquote erreichen Mütter mit Kindern zwischen 15 und 17 Jahren (74%). Erreichen die Kinder das Kindergartenalter, entscheiden sich die meisten Mütter für eine Teilzeittätigkeit.

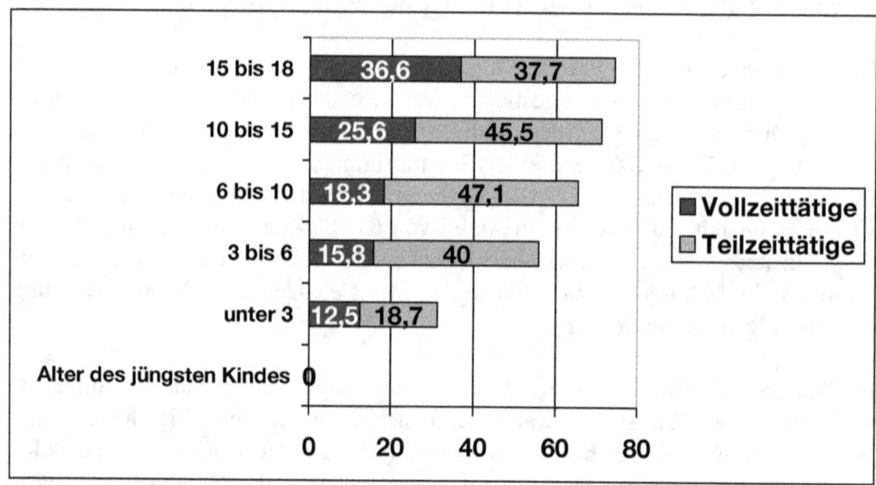

Abb.8: Erwerbstätigenquoten von Frauen mit Kindern nach Alter des jüngsten Kindes und Vollzeit- und Teilzeittätigkeit
Quelle: Statistisches Bundesamt 2004

---

[46]   (53) Statistisches Bundesamt

4.1.2 Arbeitszeitverteilung

Im März 2004 waren in Deutschland 41,6% der Frauen (Durchschnitt EU 25: 31,4%) aber nur 6,5% der Männer (Durchschnitt EU 25: 7,0%) teilzeitbeschäftigt.[47] Frauen in Deutschland sind damit sowohl im Vergleich zu den Männern als auch im internationalen Vergleich überdurchschnittlich häufig teilzeitbeschäftigt. Als Gründe für die Aufnahme einer Teilzeitbeschäftigung gaben 73% der teilzeitbeschäftigten Mütter familiäre und persönliche Verpflichtungen an, aber nur 25% der teilzeitbeschäftigten Väter. Auch hier zeigen sich gravierende Unterschiede im Erwerbsverhalten in Ost und West. Während 55% der ostdeutschen Mütter als Hauptgrund für Teilzeitbeschäftigung fehlende Vollzeitarbeitsplätze angaben, war dieser Grund nur für 5% der westdeutschen Mütter entscheidend. Im alten Bundesgebiet gaben 79% der Mütter familiäre und persönliche Verpflichtungen als Grund für eine Teilzeitbeschäftigung an und in den neuen Bundesländern 29%. [48]

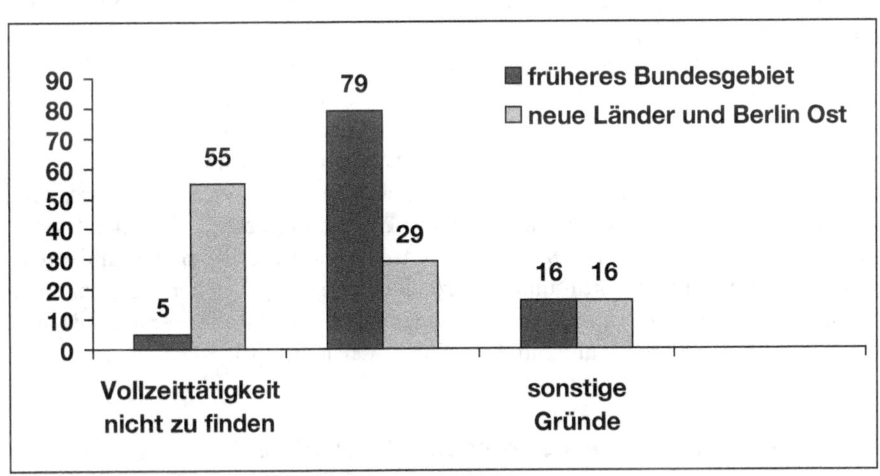

Abb. 9: Teilzeittätige mit Kindern im März 2004 nach Gründen für Teilzeittätigkeit in %
Quelle: Statistisches Bundesamt, Ergebnisse des Mikrozensus- Bevölkerung 2004, Erwerbstätige im Alter von 15 bis unter 65 Jahre

Die überwiegende Anzahl der Teilzeitbeschäftigten arbeitet dabei im klassischen Teilzeitmodell, d.h. mit täglicher Reduzierung der Stundenzahl. Dabei ist die Gestaltung der Arbeitszeit eines der zentralen Handlungsfelder zur Ermöglichung der Vereinbarkeit von Beruf und Familie. Hier sind also in Absprache mit den

---

[47] Eurostat-Jahrbuch 2004
[48] Quelle: Statistisches Bundesamt

betrieblichen Bedürfnissen eine Vielzahl von Modellen und individuellen Varianten denkbar.

Neben der gewünschten Flexibilisierung der Teilzeitarbeitsverhältnisse besteht immer die reelle Gefahr, dass sich gerade Mütter mit Kleinkindern aus einer Betreuungsnotsituation heraus zu Teilzeitarbeit oder Minijobs gezwungen sehen. So ist bereits heute der Frauenanteil bei Minijobs mit 70% sehr hoch (auch bei Frauen im Alter zwischen 35 und 44 Jahren). [49] Nur wenn Mütter zwischen mehreren Erwerbsmustern und einer für sie und ihre Kinder geeigneten Betreuungsinfrastruktur wirklich wählen können, wird eine Steigerung der Erwerbstätigkeit nicht zu ihren Lasten gehen. Eine Umfrage des Bundesinstituts für Bevölkerungsforschung ergab, dass wenn Frauen ihre Lebensform frei wählen könnten, sie gerne in Teilzeit arbeiten und zwei Kinder haben würden. Dabei sind Frauen in den neuen Bundesländern stärker auf eine Vollzeittätigkeit und Kinder orientiert, während Frauen in den alten Bundesländern eher keine Erwerbstätigkeit ausüben wollen, so lange die Kinder klein sind. [50] Vergleiche zeigen, dass in Deutschland zwischen Wunsch und Realisierung bei den Erwerbsmustern noch große Abweichungen bestehen. So praktizierten 1999 52,3% der Paarhaushalte das Einverdiener-Modell, gewünscht wurde es allerdings nur von 5,7%. Den Wunsch nach Vollzeiterwerbstätigkeit für beide gaben 32% an, praktiziert wurde dieses Modell jedoch lediglich von 15,7% der Paare. Das Modell ein Partner vollbeschäftigt und einer teilzeitbeschäftigt wurde von der Mehrheit bevorzugt (42,9%) aber nur von 23,1% umgesetzt.[51] Ursachen für die unvollkommene Umsetzung der Erwerbswünsche sind sicherlich nicht nur die fehlende Betreuungsinfrastruktur und finanzielle Überlegungen (höheres Einkommen meist des Vaters), sondern auch das weiter vorherrschende Rollenverständnis, das der Mutter die Kinderbetreuung und häusliche Arbeit zuweist.

4.2. Familienpolitische Leistungen in Deutschland

4.2.1. Einfluss der Betreuungsinfrastruktur auf die Erwerbstätigkeit der Mütter

Viele Studien belegen den Zusammenhang zwischen Kinderbetreuungsinfrastruktur und Erwerbstätigkeit von Müttern.[52] So gaben in einer Umfrage des DIW 70% der nichterwerbstätigen Mütter in Westdeutschland mit Kindern unter 12 Jahren an, dass sie sich die Aufnahme einer Erwerbstätigkeit wünschen. Nur 23% der Befragten wa-

---

[49] (10) Bundesministerium für Arbeit und Sozialordnung
http://www.diw.de/deutsch/sop/soeppub/dokumente/gutachten/index.htm
[50] (15) Dorbritz/Lengerer/Ruckdeschel (2005)
[51] (41b) Daten nach OECD
[52] (11k) BMFSFJ und (7) Büchel/Spieß (2002)

ren freiwillig nicht erwerbstätig. Diese Zahlen bestätigen die Vermutung, dass die fehlende Ganztagsbetreuung vor allem in Westdeutschland ein Haupthindernis für erwerbswillige Mütter bei der Aufnahme einer Beschäftigung ist.

Ende 2002 gab es in der Bundesrepublik 42 279 Einrichtungen der Kindertagesbetreuung. Das waren 1,9% weniger als noch vier Jahre zuvor. Die Zahl der angebotenen Plätze hat sich seit 1998 nicht wesentlich verändert. Grundsätzlich wird unterschieden zwischen der Betreuung in der Kinderkrippe (Kinder zwischen 0 und 3 Jahren), dem Kindergarten (3–6 Jahre) und dem Hort (6–11 Jahre).[53]

Gerade in der Kinderbetreuungsinfrastruktur lassen sich auch 15 Jahre nach der Wiedervereinigung noch große Unterschiede konstatieren.

So gab es 2002 in den alten Bundesländern für 88% der Kinder einen Kindergartenplatz, aber nur für 3% der unter dreijährigen Kinder einen Krippenplatz. (Der relativ hohe Anteil an Kindergartenplätzen ist auf den gesetzlich fixierten Anspruch auf einen Kindergartenplatz für Kinder ab drei Jahren seit dem 1.1.1996 zurückzuführen.) Nur für 5% der Kinder stand ein Hortplatz zur Verfügung.

In den neuen Bundesländern standen im gleichen Zeitraum für 37% der Kinder Krippenplätze und für 41% der Kinder Hortplätze bereit. Faktisch jede Mutter, die dies wünschte, konnte für ihr Kind einen Kindergartenplatz bekommen (105%).

Interessant ist die Entwicklung, die sich hinter diesen Zahlen verbirgt. In den 90er Jahren wurden im westlichen Teil Deutschlands die verfügbaren Plätze von 1,7 auf 2,3 Mill. aufgestockt. Im Osten Deutschlands wurden von 1991–2002 insgesamt 9500 Krippen, Kindergärten und Horte geschlossen. Insgesamt gingen damit 500 000 Betreuungsplätze verloren. Dies war zum einem dem dramatischen Geburtenrückgang nach der Wiedervereinigung geschuldet und zum anderen auf den starken Rückgang der Ausgaben der öffentlichen Hand zurückzuführen.

Ein anderer Unterschied zwischen Ost und West ist für erwerbstätige Mütter mindestens ebenso bedeutsam wie die reine Verfügbarkeit des Platzangebotes. Während in den neuen Bundesländern die Ganztagsbetreuung in allen Betreuungsformen die Regel ist, verzeichnen Einrichtungen in den alten Bundesländern dies immer noch als Ausnahme.

Die folgende Tabelle zeigt, dass immer noch ein großer Teil besonders der Krippen- und Kindergartenplätze Müttern nicht ganztags zur Verfügung steht und eine Vollzeittätigkeit damit ausgeschlossen ist.

---

[53]   Alle Daten dieses Abschnitts sind der Broschüre des Statistischen Bundesamtes „Kindertagesbetreuung in Deutschland", hrsg. März 2004, entnommen

Art der Einrichtung	Plätze gesamt	Ganztags	Vormittags ohne Mittagessen	mit Mittagessen
Kinderkrippe	18 309	13 036	2291	1946
Kindergarten	1 739 474	367 611	406 498	44 056
Hort	190 912	125 600	2086	930

Abb. 10: Verfügbare Plätze in Tageseinrichtungen für Kinder nach Art der Betreuung, Stand 31.12.2002
Quelle: Statistisches Bundesamt

In den alten Bundesländern waren 2002 nur 24% der Kindergartenplätze Ganztagsplätze, in den neuen Bundesländern waren nahezu alle Betreuungsplätze ganztags verfügbar (98%). Deutlicher sichtbar wird die Situation anhand des Vergleichs der Ganztagsplatz-Kind-Relation, die in den alten Bundesländern 21% und in den neuen 103% betrug. Bei den Krippenplätzen lag die Ganztagsplatz-Kind-Relation in den alten Bundesländern bei 2% und in den neuen Bundesländern bei 36%. Hier werden die Defizite in der Tagesbetreuung ganz deutlich – Nachholbedarf besteht vor allem bei Ganztagsbetreuungsplätzen für Kinder unter drei Jahren in den alten Bundesländern. Ebenso auffällig sind die Unterschiede in der Ganztagsplatz-Kind-Relation bei den Horten (alte Bundesländer: 5%, neue Bundesländer: 41%).

Die Bevölkerungsprognosen gehen bis 2015 in den alten Ländern von einem Rückgang an Kindern unter 11 Jahren um 14% aus. Damit würde es gegenüber der jetzigen Versorgung mit Betreuungsinfrastruktur nur eine marginale Verbesserung von Krippenplätzen um 0,2% und von Hortplätzen um 0,9% geben. Lediglich bei den Kindergartenplätzen würde sich die Situation etwas entspannen (103,5%). In den neuen Ländern wird mit einem Zuwachs von ca. 10% bei den Kindern unter 11 Jahren gerechnet, was das derzeitige Angebot etwas verknappen würde (Kindergärten: 96%, Horte: 35% und Krippen: unverändert).

Die Mehrzahl der Betreuungsplätze in Deutschland wird nach wie vor öffentlich finanziert. Auch wenn es in den letzten Jahren aufgrund knapper Kassen einen gewissen Trend zur Übertragung von Kinderbetreuungseinrichtungen an freie Träger gegeben hat, überwiegt noch immer die öffentliche Betreuung. Insgesamt hat die öffentliche Hand 2002 10,5 Mrd. € für die Kinderbetreuung ausgegeben. [54] In den alten Ländern gab es von 1992 (4,25 Mrd.) bis 2002 (7,5 Mrd.) einen Anstieg der Ausgaben von 77%.

Noch stärker als der Anstieg bei den Ausgaben war der bei den Einnahmen aus Gebühren und Entgelten. Betrugen die Einnahmen in den alten Bundesländern

---

[54] Zum Vergleich: Für allgemein bildende Schulen wurden 38,3 Mrd . Euro und für Hochschulen 19,5 Mrd. Euro ausgegeben.

1992 noch 411 Mill. €, so waren es 2002 schon 945 Mill. €. Das entspricht einer Steigerung um 130%.

Dagegen gab es in den neuen Bundesländern wegen des starken Abbaus von Betreuungsplätzen einen Rückgang der Einnahmen von 937 Mill. (1992) auf 341 Mill. € im Jahr 2002.

Insgesamt hat sich in der Kinderbetreuung in den letzten Jahren ein Strukturwandel zu altersgemischten Gruppen, einem Ausbau der Ganztagsbetreuung in den alten Bundesländern und einer Zunahme befristeter Beschäftigungsverhältnisse (West) und Teilzeitbeschäftigungsverhältnisse (Ost) vollzogen. Da die überwiegende Mehrzahl der Beschäftigten Frauen sind, betrifft sie die oft unfreiwillige Teilzeitarbeit mit Einkommenseinbußen besonders stark. Von 374 000 Beschäftigten in Tageseinrichtungen für Kinder waren Ende 2002 360 000 Frauen. Eine Folge des vor allem in den neuen Bundesländern zu verzeichnenden Personalabbaus ist eine Verschiebung der Altersstruktur beim Betreuungspersonal. Immer mehr junge und gut ausgebildete ErzieherInnen werden infolge der im öffentlichen Dienst zumeist praktizierten Sozialauswahl dem Personalüberhang zugeordnet oder bedarfsbedingt gekündigt. Die Folge ist ein Fehlen von Personal jüngeren oder mittleren Lebensalters, wie die Abbildung veranschaulicht.

Alter	unter 25 Jahre	25 bis 40 Jahre	40 Jahre und älter
Alte Bundesländer			
2002	19	39	42
1990	25	53	22
Neue Bundesländer			
2002	4	27	69
1990	9	51	40

Abb. 11: Personal in Kindertagesstätten nach Altersgruppen in % Stand: 31.12.2002
Quelle: Statistisches Bundesamt

Die Qualifikation der Beschäftigten in Kinderbetreuungseinrichtungen unterscheidet sich grundlegend von der in anderen Ländern. Während in den meisten skandinavischen Ländern eine Hochschulausbildung für den Erzieherberuf notwendig ist, waren in der Bundesrepublik Ende 2002 gerade 2,2 % der Beschäftigten in der Kinderbetreuung Akademiker (Diplom-Sozialpädagogen oder Erziehungswissenschaftler). Die überwiegende Mehrzahl (64%) der Beschäftigten hatte eine Erzieherausbildung. Kinderpflegerinnen stellten 12,5% des Gesamtpersonals. Vor dem Hintergrund der zunehmenden Bedeutung der frühkindlichen Bildung wird in Deutschland auch die notwendige Qualifikation des Betreuungspersonals kritisch diskutiert.

Spieß und Büchel haben in ihrer Studie zur Kinderbetreuung in Deutschland herausgefunden, dass besonders Mütter mit hoher Qualifikation (Hoch- und Fachschulabschluss) ihre Kinder überdurchschnittlich oft ganztags betreuen lassen. Dagegen sind Eltern, die ihre Kinder allein betreuen, oft erwerbslos und ohne abgeschlossene Ausbildung. Intensive institutionelle Betreuung nutzen in erster Linie vollzeiterwerbstätige Mütter.[55] Ebenso wurde aus ihrer Untersuchung deutlich, dass besonders Mütter, die eine Halbtagsbetreuung für ihr Kind gefunden haben, gern ihre Arbeitszeit ausdehnen würden und dies mangels entsprechender Betreuungsmöglichkeiten nicht können.

4.2.2. Transferleistungen und Elternzeitregelungen

Deutschland ist eines der Länder in Europa, die relativ hohe finanzielle Transfers an Familien leisten. So beträgt das Kindergeld für das erste bis dritte Kind 154,-€ pro Monat und ab dem vierten Kind 175,-€. Damit gewährt Deutschland nach Luxemburg das höchste (und auch mit am längsten bewilligte) Kindergeld innerhalb der Europäischen Union. Das Kindergeld wird unabhängig vom Einkommen der Eltern im Regelfall bis zum 18. Lebensjahr, bei Ausbildung oder Studium auch bis zum 27. Lebensjahr gewährt. Bei volljährigen Kindern dürfen die eigenen Einkünfte des Kindes eine bestimmte Höchstgrenze nicht übersteigen, um noch einen Anspruch auf Kindergeld zu erlangen.

Eltern mit Kindern ab dem Geburtsjahrgang 2001, die ihre Kinder selbst betreuen und nicht mehr als 30 Wochenstunden arbeiten, können ein einkommensabhängiges Erziehungsgeld erhalten. Möglich ist die Inanspruchnahme von zwei Varianten:

1. der Regelbetrag von 307,-€ monatlich bis zum zweiten Lebensjahr des Kindes oder

2. das Budget in Höhe von 460,-€ monatlich bis zur Vollendung des ersten Lebensjahres des Kindes.

Dabei gilt in den ersten sechs Lebensmonaten des Kindes eine Einkommensgrenze von 52.130 € Jahresnettoeinkommen für Ehepaare und von 38.350 € bei Alleinstehenden. Bei Überschreitung der Einkommensgrenzen wird das Erziehungsgeld nur anteilig bzw. gar nicht gewährt. Die Höhe des Erziehungsgeldes ist bereits festgelegt und noch nicht wie in den nordeuropäischen Staaten als Lohnersatzleistung angelegt.

---

[55]   (7) Büchel/Spieß (2002)

48

Die bisherigen Einkommensgrenzen haben für Eltern mit mittleren oder höheren Einkommen dazu geführt, dass sie in der Regel kein Erziehungsgeld beanspruchen konnten und deshalb während der Elternzeit relativ hohe reale Einkommensverluste hinnehmen mussten. Die einzige Möglichkeit für Frauen, solche Einkommensverluste zu vermeiden, besteht heute in Deutschland darin, möglichst nicht dem Arbeitsmarkt zur Verfügung zu stehen und nicht mit einem Lebenspartner zusammenzuleben.[56]

Das heutige Sozialsystem bietet einer 30-jährigen Mutter mit einem Kind, die ohne Lebenspartner lebt und nicht dem Arbeitsmarkt zur Verfügung steht, staatliche Unterstützungsleistungen in Höhe von 1200,-€ pro Monat an, die eine verheiratete Mutter in der Regel nicht beanspruchen kann. [57] Somit wird in der Bundesrepublik nicht die rasche Wiederaufnahme der Erwerbstätigkeit von Müttern und das Zusammenleben in Partnerschaften gefördert, sondern genau das entgegengesetzte Modell.

Alleinerziehende Mütter verfügen mit Sozialhilfe und Kindergeld nach der Geburt eines Kindes häufig über ein höheres Einkommen als zuvor mit ihrem Erwerbseinkommen. Die Aufnahme einer Teilzeitbeschäftigung ist oft unattraktiv, da das daraus erzielte Einkommen bis auf einen geringen Freibetrag auf die Sozialhilfe angerechnet wird, während das Erziehungsgeld anrechnungsfrei ist.

Der Anspruch auf Elternzeit besteht bis zum dritten Lebensjahr des Kindes und kann in mehreren Blöcken verwirklicht werden. Bis zu zwölf Monate der Elternzeit können mit dem Einverständnis des Arbeitgebers bis zum achten Lebensjahr übertragen werden. Nach Novellierungen der Elternzeitverordnung können nunmehr auch beide Elternteile gleichzeitig die Elternzeit in Anspruch nehmen. In Betrieben mit mehr als 15 Beschäftigten haben Eltern einen Rechtsanspruch auf Teilzeitbeschäftigung, der sie auch bereits während der Elternzeit nachgehen können. Eine vom Bundesministerium für Familie, Senioren, Frauen und Jugend in Auftrag gegebene Studie hat sich mit den Auswirkungen der Reform des Erziehungsgeldgesetzes befasst und festgestellt, dass die traditionelle „Rollenverteilung" bei der Inanspruchnahme der Elternzeit stattfindet.

Die folgende Abbildung verdeutlicht, dass die Mehrzahl gerade der westdeutschen Haushalte nach wie vor das Modell „Vater vollzeiterwerbstätig und Mutter in Elternzeit" favorisiert. In ostdeutschen Haushalten entscheiden sich über 40,5% für das Modell „Mutter in Elternzeit und (teilzeit)-erwerbstätig". Kaum messbare Bedeutung hat das Modell „ Vater in Elternzeit und nicht erwerbstätig". Als Begründung führten die befragten Paare vor allem an, dass aufgrund der gelten-

---

[56]   (47) Robert-Bosch-Stiftung (2005)
[57]   Ebd.

den steuerrechtlichen Rahmenbedingungen, Männer nur dann Elternzeit in Anspruch nehmen wollten, wenn beide Partner etwa gleich viel oder die Frauen mehr verdienten. [58]

	Westdeutsche Länder	Ostdeutsche Länder	gesamt
Mutter in Elternzeit und nicht erwerbstätig	62,4%	54,0%	60,1%
Mutter in Elternzeit und erwerbstätig	29,2%	40,5%	32,2%
Vater und Mutter in Elternzeit und erwerbstätig	5,5%	2,4%	4,7%
Vater in Elternzeit und nicht erwerbstätig	0,3%	0,0%	0,2%
Allein erziehend und nicht erwerbstätig	1,2%	0,8%	1,1%
Allein erziehend und erwerbstätig	1,5%	2,4%	1,7%
Gesamt	100%	100%	100%

Abb. 12: Elternzeittypen im 1. und 2. Lebensjahr des Kindes im regionalen Vergleich (bezogen auf Haushalte)
Quelle: Repräsentativbefragung aus: Bericht über die Auswirkungen der §§ 15 und 16 BerzGG

Als Hauptgründe für die jeweilige Arbeitsteilung nannten 39,0% der befragten Haushalte in den westdeutschen Ländern und 36,2% in den ostdeutschen Ländern die finanzielle Situation. Die Mehrzahl der Paare gab an, dass das Erziehungsgeld nicht ausreiche, um die Einkommensverluste auszugleichen und die Familie sich deshalb für das Modell entschieden habe, bei dem am meisten in der Haushaltskasse bliebe.

Ein deutlich anderes Bild bot sich bei dem Grund „Kinderbetreuungssituation". Hier gaben 33,9% der westdeutschen und nur 16,9% der ostdeutschen Haushalte an, dies sei für sie der Hauptgrund für die praktizierte Arbeitsteilung. Diese regional unterschiedlichen Ergebnisse decken sich mit den gemachten Aussagen im Kapitel „Betreuungsinfrastruktur".

Angesichts der bisher mehrheitlich praktizierten Aufteilung der Elternzeit in den Haushalten könnte das von der Regierungskoalition vereinbarte Elterngeld, das

---

[58]   (11c) BMFSFJ (2004)

50

sich am letzten Erwerbseinkommen orientieren soll, ein wichtiger Schritt sein, um für Familien mit durchschnittlichem Erwerbseinkommen finanzielle Anreize für Väter zur Inanspruchnahme von Kindererziehungszeiten zu schaffen und die mit der Geburt des Kindes einhergehenden Einkommensverluste zum Teil auszugleichen.

4.3. Die Einkommensbesteuerung und ihre Wirkungen auf die Vereinbarkeit von Familie und Beruf

Steuern setzen indirekte Anreize für Verhaltensweisen. Sie können z.B. den Wunsch nach Aufnahme einer Beschäftigung verstärken oder mindern. Der Staat hat prinzipiell die Möglichkeit über die Steuergesetzgebung bestimmte Personengruppen oder Tatbestände zu fördern oder zu benachteiligen. Die Bundesrepublik ist von der EU bereits mehrfach in der Vergangenheit im Rahmen der Beschäftigungspolitischen Leitlinien aufgefordert worden, das Steuersystem auf benachteiligende Wirkungen auf Frauen zu überprüfen und gegebenenfalls Änderungen herbeizuführen.

Ehepaare in Deutschland können sich grundsätzlich für eine Getrennt- oder Zusammenveranlagung zur Einkommensteuer entscheiden. Bei der finanziell vorteilhafteren Zusammenveranlagung wird das Modell des Ehegattensplitting angewandt. Hierbei wird das gemeinsame zu versteuernde Einkommen ermittelt, halbiert und für diese Hälfte über den Grundtarif eine fiktive Einkommensteuer ermittelt und dieser Betrag verdoppelt. Daraus ergibt sich die geschuldete Einkommensteuer des Paares. Der Splittingtarif bewirkt, dass sich der Grundfreibetrag verdoppelt und sich die Steuerprogression durch die Halbteilung des gemeinsamen Einkommens abflacht. Der Splittingvorteil ist generell umso höher, je größer die Differenz zwischen beiden Einkommen ist. In Einverdienstehen ist der Entlastungsvorteil am größten.

ZVE	Splittingvorteil in € nach Verhältnis der Einkommenshöhe innerhalb der Ehe			
	50/50	70/30	90/10	100/0
20.000	0	498	1517	2054
35.000	0	250	1925	3089
45.000	0	356	2308	4004
60.000	0	660	3152	5672
120.000	0	569	3690	7914

Abb. 13: Splittingvorteil in € nach Höhe des gemeinsamen zu versteuernden Einkommens (ZVE) und Verhältnis der Einkommenshöhe innerhalb der Ehe (Tarif 2005)
Quelle: Jenter/Spangenberg[59]

Nutznießer des Ehegattensplittings sind demzufolge Ehen, in denen nur ein Partner ein möglichst über dem Durchschnitt liegendes Einkommen erzielt. Durch die Zusammenveranlagung wird verheirateten Eltern auch der kindbedingte Freibetrag für Betreuungs- und Erziehungsaufwendungen gemeinsam gewährt, unabhängig von den tatsächlichen finanziellen Aufwendungen. Eigen- und Fremdbetreuung von Kindern werden steuerlich gleich behandelt. Es werden steuerliche Anreize in Richtung der Einverdienerehe gegeben, weil bei einer Erwerbstätigkeit beider Eltern mit daraus resultierenden Kosten für eine Fremdbetreuung der Kinder die reale Steuerentlastung schmilzt. Bei der Eigenbetreuung profitieren Frauen in der Regel nicht von einer Steuerentlastung, da sie häufig ohne Erwerbseinkommen sind. Einverdienstehen sind überdurchschnittliche Nutznießer des Splittingtarifs, da 61% des gesamten Splittingvolumens auf diese Eheform (39%) entfallen. So liegt der durchschnittliche Splittingvorteil bei Einverdienerhaushalten bei 2800 € und bei Zweiverdienerhaushalten bei 1200 €. Die Entlastung über den Splittingtarif wirkt sich vor allem in den alten Bundesländern aus, da dort die höheren Einkommen und mehr Einverdienerehen zu finden sind. So gehen 93% der Entlastung an Personen aus den alten Bundesländern.

Das Ehegattensplitting ist nach einem Gutachten, das von der Hans-Böckler-Stiftung gefördert wurde, nicht nur steuerrechtlich fragwürdig, sondern auch familienpolitisch nicht bedarfsorientiert und gleichstellungspolitisch schädlich.[60]

So hat das Splittingverfahren keinen Familien fördernden Zweck, da 43% aller davon profitierenden Ehen kinderlos sind. Das Entlastungsvolumen des Splittings fällt nur zu 65% auf Ehen mit Kindern. Alleinerziehende oder unverheiratete Paare mit Kindern haben keine Vorteile aus dem System.
Das Splitting behindert die Beschäftigung verheirateter Frauen, da sich die zweite

---

[59] Alle Daten dieses Abschnitts sind entnommen aus: (28a) Jenter, A./Spangenberg, U. (2005)
[60] Ebd.

Erwerbstätigkeit nur „lohnt", wenn mindestens der Splittingvorteil „zurückverdient" wird. Frauen entscheiden sich deshalb häufig aus den genannten finanziellen Zwängen für die Betreuungsarbeit.

Vor allem unter gleichstellungspolitischen Aspekten ist das Ehegattensplitting kritisch zu bewerten, da man hier durchaus von einer mittelbaren Diskriminierung sprechen kann, da Frauen überdurchschnittlich von einer an sich geschlechtsneutralen Regelung betroffen sind.

Auch bei der Besteuerung von Erwerbseinkommen muss der Gleichbehandlungsgrundsatz zur Anwendung kommen.

Auch die beitragsfreie Mitversicherung von nicht erwerbstätigen Ehegatten und Kindern in der gesetzlichen Kranken- und Pflegeversicherung hemmt Arbeitsanreize, da bei der Aufnahme einer Erwerbstätigkeit zusätzliche Sozialversicherungsbeiträge anfallen, ohne dass sich das Leistungsangebot der Kranken- und Pflegeversicherung ändert. Im Übrigen wird das Modell der kostenlosen Familienversicherung nach einer Studie der Bertelsmann-Stiftung von der Bevölkerung durchaus kritisch gesehen. So finden es nur 52% gerecht, wenn ein erwerbsloser Ehepartner, der keine Kinder betreut, über den Lebenspartner kostenfrei mitversichert ist. Die Zustimmung steigt auf 91%, wenn Kinder erzogen werden. Besonders groß ist die Zustimmung naturgemäß bei denen, die von der kostenfreien Familienversicherung profitieren.[61] Unter gleichstellungspolitischen Aspekten gibt es allerdings keine Rechtfertigung für das kostenfreie Mitversicherungsmodell. Ein durchaus „fortschrittlicheres" Modell verfolgen die privaten Krankenversicherungsunternehmen, die lediglich die gesundheitlichen Risiken bei ihren Preiskalkulationen zugrunde legen und jeden Versicherten individuell versichern. (Die nicht geschlechtsneutralen höheren Tarife für Frauen sind vom EuGH in einer aktuellen Entscheidung als Verstoß gegen den Gleichbehandlungsgrundsatz verurteilt worden.)

Eine Alternative, die bereits vielfältig diskutiert wird, wäre die Individualbesteuerung mit zweitem übertragbarem Grundfreibetrag. Hierbei werden die Ehepartner individuell besteuert und jeder erhält den Grundfreibetrag, der das Existenzminimum freistellt. Wenn der Grundfreibetrag nicht durch eigene Erwerbstätigkeit ausgeschöpft wird, ist eine Übertragung auf den Partner möglich. Diese Individualbesteuerung garantiert, dass jeder Partner weitgehend unabhängig von der Erwerbstätigkeit und damit dem Grenzsteuersatz des Partners besteuert wird. Dies entspricht vor allem auch gleichstellungspolitischen Vorstellungen und bietet positive Beschäftigungsanreize für Frauen.
Das ebenfalls viel diskutierte Familiensplitting (siehe Frankreich) berücksichtigt

---

[61]   (4b) Bertelsmann-Stiftung (2005)

die Unterhaltspflichten gegenüber Kindern über das Existenzminimum hinaus. Eine ziel- und bedarfsorientierte Förderung von Familien ist allerdings über das Steuerrecht nicht wirksam möglich. Auch die Gleichstellung der Betreuungstätigkeit von verheirateten Frauen lässt sich auf diesem Weg nicht erreichen. Dafür könnten mit dem erhöhten Steueraufkommen (für Tarif 2005 ca. 7,5 bis 8 Mrd. €), das aus einer Abschaffung des Ehegattensplittings resultieren würde, eine Vielzahl Familien fördernder Leistungen finanziert werden.

Eine weitere oft erhobene Forderung ist die nach der Abschaffung der Steuerklassenkombination V / III, bei der der Partner mit dem höheren Einkommen alle steuerlichen Entlastungen erhält und ein unverhältnismäßig hoher Abzug in der Steuerklasse V vor allem zu Lasten der Frauen geht. Auch die kindbedingten Freibeträge wirken sich nur bei dem höheren Einkommen aus, das heißt bei dem Partner, der oft gerade nicht die Betreuungsleistung erbringt. Der hohe Steuerabzug in der Steuerklasse V wirkt sich in der Folge ebenfalls nachteilig auf die Gewährung von Lohnersatzleistungen aus. Die Steuerklassenkombination V / III erweist sich damit als eine Kombination „…aller denkbaren sozial-, gleichstellungspolitischen und familienpolitischen Diskriminierungsfaktoren." [62]

Mögliche Alternativen wären das Anteilsverfahren, bei dem die Ehepartner nach dem Verhältnis ihrer tatsächlichen Bruttolöhne besteuert werden.

Eine andere Variante wäre das Begünstigungsverfahren, bei dem die Lohnsteuer und der Splittingvorteil in dem Verhältnis verteilt werden, das sich nach einer fiktiven individuellen Besteuerung der einzelnen Bruttoeinkommen ergibt. Die Lohnsteuer wird dabei vom Arbeitgeber anhand der Steuerklasse IV ermittelt und mit einem Begünstigungsfaktor multipliziert, der den Splittingvorteil ausweist. Dabei wird das höhere Einkommen stärker und das geringere Einkommen schwächer besteuert und somit die tatsächliche individuelle Progressionsbelastung widergespiegelt.

Ein weiterer Bestandteil des Familienlastenausgleiches ist neben dem Kindergeld der Kinderfreibetrag bei der Einkommensteuer in Höhe von maximal 1824,- €. Der Freibetrag wirkt sich allerdings nur dann aus, wenn die Entlastungswirkung das Kindergeld übersteigt. Deshalb wirkt sich der Freibetrag in erster Linie bei höheren Einkommen aus. Die höchstmögliche Entlastung pro Jahr liegt bei 2439,- € (bei 5808,- € Freibetrag für Eheleute und einem Spitzensteuersatz von 42%). Damit übersteigt der maximale Entlastungsbetrag mit 203,- € pro Monat deutlich das Kindergeld. Das heißt, gut verdienende Ehepaare werden über die Regelungen der Einkommensteuer stärker entlastet, als untere und mittlere Einkommen über das Kindergeld begünstigt werden.

---

[62] (28a)Jenter/Spangenberg, S. 8

5. Stand der Vereinbarkeit von Familie und Beruf in Schweden

5.1. Die Entwicklung des „schwedischen Wohlfahrtstaates"

Das so genannte „schwedische Modell" wird allgemein assoziiert mit einer bestimmten Form der Entscheidungsfindung und einer speziellen Art der Organisation der sozialen Wohlfahrt.

Dazu gehört die Vorstellung von einer geringen Armutsrate, einem hohen Niveau der Gleichstellung, einer hohen Frauenerwerbstätigkeit und bestmöglichen Bedingungen für benachteiligte Personen.

Seit dem 19. Jahrhundert gibt es in Schweden viele Organisationen mit speziellen diesbezüglichen Interessen. Neben den traditionell starken Gewerkschaften (z.B. LO), in denen die Mehrzahl der Arbeitnehmer organisiert ist und die schon immer ein sehr enges Verhältnis zur Sozialdemokratischen Partei Schwedens gepflegt haben, gibt es auch die Arbeitgeberverbände, wie den SAF. So schlossen SAF und LO bereits 1938 eine grundlegende Vereinbarung zur Sicherung des sozialen Friedens und zur Vermeidung von Konflikten auf dem Arbeitsmarkt, der bald andere Vereinbarungen folgten. Diesen Vereinbarungen und einem sehr auf Kooperation bedachten Konfliktmanagement ist es zu verdanken, dass Schweden bislang wenig große Streiks oder andere Auseinandersetzungen zwischen Arbeitgebern und Arbeitnehmern erlebt hat. Der sehr stabile soziale Frieden auf dem Beschäftigungssektor hat das Wirtschaftswachstum in den 50er und 60er Jahren in Schweden befördert und das „schwedische Modell" hervorgebracht – mit starkem Einfluss und hoher Mitgliederstärke der Gewerkschaften, einer aktiven Arbeitsmarktpolitik mit wenig Konflikten und einem stark zentralistisch und kollektiv organisiertem Handel.[63]

Dieses Modell führte in den 70er Jahren zum weltweit höchsten Lebensstandard, der auch Sicherungen für Krankheit, Arbeitslosigkeit und Alter einschloss.

Schweden hat sich wie die anderen skandinavischen Staaten auch immer als sozialer Wohlfahrtsstaat definiert, der allen Bürgern die gleichen Rechte auf Unterstützung garantiert. Mit der Extensivierung dieses Wohlfahrtstaates und der damit verbundenen Ausdehnung des öffentlichen Beschäftigungssektors wuchs jedoch in den letzten Jahren auch die Kritik daran und gerade große Volkswirtschaften sehen dieses Modell als nicht mehr zeitgemäß und praktikabel an. Charakteristisch für dieses System ist die Universalität, das heißt, dass nicht nur politische und bürgerliche Rechte für alle Staatsbürger gelten, sondern auch alle sozialen Rechte jedem

---

[63] Siehe auch. (49) Schartau, Mai-Brith (2004)

Bürger gleichermaßen garantiert werden ohne marktwirtschaftliche Kriterien zu berücksichtigen. Um dieses System durchsetzen zu können, braucht es einen hohen gesellschaftlichen und politischen Konsens, um die hohen Steuern und Abgaben zu rechtfertigen, die zu dessen Finanzierung erforderlich sind. Die hohen Steuern können nur durch einen hohen Beschäftigungsgrad, der sich auf einen starken öffentlichen Sektor gründet, erbracht werden. Eine weitere Voraussetzung ist eine möglichst geringe Anzahl vom Sozialsystem abhängiger Personen. Damit einher gehen die meist staatlich finanzierten öffentlichen Dienstleistungen, die von dem Grundgedanken abgeleitet sind, dass der Einzelne nicht von der Familie oder anderen sozialen Netzwerken abhängig sein soll.

Die Ausdehnung des öffentlichen Beschäftigungssektors erreichte Mitte der 80er Jahre ihren Höhepunkt, als der öffentliche Sektor fast 80% des gesamten Beschäftigungswachstums einnahm. Heute sind in Schweden ein Drittel aller Arbeitsplätze im öffentlichen Sektor angesiedelt.[64]

Unter gleichstellungspolitischen Aspekten ist allerdings anzumerken, dass vor allem Frauen im öffentlichen Sektor (60%) beschäftigt sind und Männer in erster Linie in der Privatwirtschaft. Mit dem Rückgang des Wirtschaftswachstums in den 90er Jahren sahen sich linke und rechte Regierungen in Schweden auch zu sozialen Einschnitten gezwungen. So gibt es einen Trend zu mehr Dezentralisierung und Privatisierung von öffentlichen Dienstleistungen, der vor allem aus den steigenden Kosten und dem Ruf nach mehr Flexibilität bei den Angeboten resultiert.

Experten sind mittlerweile der Ansicht, dass das „schwedische Modell" angesichts der demographischen Entwicklung und der Globalisierung nicht länger funktionieren kann. Auch für schwedische Bürger ist es heute leichter, im Ausland zu arbeiten und dort deutlich geringere Steuern zu zahlen. Auch fordert eine wachsende Zahl von Bürgern mehr Beteiligung bei der Auswahl und eine höhere Qualität bei den öffentlichen Dienstleistungen. Ferner zeigt die Statistik, dass bereits 23% der Bevölkerung im erwerbsfähigen Alter nicht arbeiten. So sind Studium, Arbeitslosigkeit, Langzeiterkrankung und Frühpensionierung die häufigsten Gründe für Nichterwerbstätigkeit. Der Grundsatz „Keine Leistung ohne Gegenleistung" wird gerade im Vergleich zu den Sozialsystemen in Deutschland und Großbritannien immer stärker in der schwedischen Öffentlichkeit diskutiert. Einen möglichen Ausweg sieht die schwedische Regierung in Investitionen in nicht-profitorientierte Unternehmen in den Bereichen Gesundheitswesen, Pflege und Bildung, die mehr Auswahlmöglichkeiten bei öffentlichen Dienstleistungsangeboten garantieren könnten.

---

[64] Ebd. S. 22

56

5.2. Gleichstellung zwischen Männern und Frauen

Schweden gilt gewissermaßen als das „Musterland" der Gleichstellung der Geschlechter. Bereits seit den 70er Jahren besteht unabhängig von der Zusammensetzung der jeweiligen Regierung ein gesellschaftlicher Konsens über die Grundsätze der Gleichstellung von Mann und Frau. Schon 1969 wurde das Thema Gleichstellung in den Lehrplan der schwedischen Schulen aufgenommen. Im Jahre 1974 erfolgte die Umwandlung des ehemaligen Mutterschaftsgeldes in eine gemeinsame Elternversicherung. Nach einem nationalen Aktionsprogramm Mitte der 80er Jahre[65] verabschiedete der schwedische Reichstag 1994 die nationale Gleichstellungspolitik. Das „Gesetz über die Gleichstellung im Erwerbsleben" verfolgte vor allem zwei Ziele:

Es verbot Benachteiligungen und Diskriminierungen von Frauen am Arbeitsplatz und es verlangte von den Arbeitgebern Maßnahmen zur Förderung der Gleichstellung am Arbeitsplatz, was in erster Linie Erleichterungen bei der Vereinbarkeit von Beruf und Familie bedeutete.

Als Kernstück der schwedischen Gleichstellungspolitik wird die Fähigkeit jedes Einzelnen angesehen, durch Erwerbstätigkeit finanzielle Unabhängigkeit zu erreichen. Als ebenso bedeutsam wird die Vereinbarkeit von Beruf und Familie angesehen. Anfang der 80er Jahre wurde ein Referat für Gleichstellungsfragen bei der schwedischen Regierung eingerichtet. Die Mitarbeiter unterstützen und initiieren Bemühungen zur Förderung der Gleichstellung auf nationaler und regionaler Ebene. Sie sorgen für eine ausgewogene Vertretung von Männern und Frauen und führen Gleichstellungstrainings für verschiedene Regierungsbehörden durch.

Als weitere unabhängige Regierungsbehörde gibt es in Schweden seit 1980 den Gleichstellungsombudsmann. Dessen Hauptaufgaben bestehen in der Beratung und Information zu Gleichstellungsfragen sowie in Verhandlungen mit einzelnen Arbeitgebern in strittigen Fragen bei der Einhaltung der Gleichstellungsrechte. Die Behörde kann als Interessenvertreterin von ArbeitnehmerInnen in Fällen von Diskriminierung eingeschaltet werden.
Seit 1995 gibt es darüber hinaus in jeder schwedischen Provinz regionale Sachverständige für Gleichstellungsfragen.

Die Ziele der gegenwärtigen Gleichstellungspolitik orientieren sich vor allem an Fragen der gleichen Bezahlung und gleicher Karrierechancen für Männer und Frauen. Das hat unter anderem mit der hohen Anzahl erwerbstätiger Frauen in Schweden zu tun. Seit Mitte der 80er Jahre drängen Frauen verstärkt auf den Arbeits-

---

[65] „Gesetz über die Chancengleichheit", 1980 in Kraft getreten, Novellierungen 1992, 1998 und 2001)

markt. Gute Ausbildung, immer bessere Kinderbetreuungsmöglichkeiten und nicht zuletzt steigende Lebenshaltungskosten waren einige der Gründe für die steigende Frauenerwerbstätigkeit.

5.3. Stand der Vereinbarkeit von Beruf und Familie in Schweden

5.3.1. Erwerbstätigkeit und Arbeitszeitverteilung bei Frauen mit Kindern

In Schweden vollzog sich seit Mitte der 80er Jahre die Entwicklung einer Dienstleistungsgesellschaft innerhalb einer Industrienation. Eine wichtige Rolle in diesem Prozess spielten der öffentliche Sektor und die Integration der Frauen in den Arbeitsmarkt.

Der Ausbau des Wohlfahrtsstaates in Schweden war nur durch die Integration der Frauen in den Arbeitsmarkt möglich und die Integration der Frauen in den Arbeitsmarkt war nur durch den Ausbau der öffentlichen sozialen Dienstleistungen möglich, die den Hausfrauen Teile der Hausarbeit abnahmen (Aring 2003). Zahlreiche Arbeitsplätze vor allem für Frauen entstanden in den mit dem Ausbau des öffentlichen Dienstleistungssektors im Rahmen des Wohlfahrtsstaates („Volksheim") verbundenen Bereichen wie Bildungs- und Gesundheitswesen. Eine Begleiterscheinung dieser Entwicklung war die bis heute anhaltende starke vertikale und horizontale Geschlechtertrennung auf dem Arbeitsmarkt. Durch die sehr hohe Besteuerung und die Abschaffung des Ehegattensplittings Anfang der 70er Jahre entstand ein starker Erwerbsdruck auf die Frauen, da ein Einkommen (in der Regel des Ehemannes) oft nicht ausreichte.

Die gestiegene Anzahl von berufstätigen Frauen in Schweden lässt sich auch mit statistischen Daten belegen. So stieg die Zahl der erwerbstätigen Frauen von 69% im Jahr 1971 auf 91% im Jahr 1991 und sank im Jahr 2001 auf 85%. Der Rückgang seit Mitte der 90er Jahre ist auf die rückläufige Entwicklung der schwedischen Wirtschaft infolge der allgemeinen Wirtschaftskrise zurückzuführen, die auch den bisher als Bastion der weiblichen Erwerbstätigkeit geltenden öffentlichen Sektor nicht verschonte. Starke Einschnitte in diesem Bereich führten zu einem Anstieg der Arbeitslosigkeit und einem Rückgang der Geburtenrate.[66] Derzeit liegt diese bei 1,54 Kindern pro Frau und damit immer noch deutlich über dem EU-Durchschnitt von 1,46 Kindern pro Frau.

Im Jahr 2004 lag die Erwerbsquote von Frauen im erwerbsfähigen Alter zwischen 15 und 64 Jahren bei 71,8 %. Über 80% der Frauen mit Kindern im Vorschulalter sind

---

[66]   http://www.sweden.se – Die schwedische Bevölkerung

erwerbstätig, ein Großteil von ihnen in Teilzeitbeschäftigung. So betrug der Anteil der Frauen an den Teilzeitbeschäftigten 2004 69,5% (OECD-Employment Outlook 2005).

Eine Studie der „Europäischen Stiftung zur Verbesserung der Lebens- und Arbeitsbedingungen" zur besseren Vereinbarkeit von Familie und Vollzeittätigkeit hat auch die Vor- und Nachteile der Teilzeitbeschäftigung untersucht. Die Ergebnisse haben gezeigt, dass auf der einen Seite gerade Frauen mit Kindern durch Teilzeitbeschäftigung Familie und Beruf besser vereinbaren können, wenn sie freiwillig ihre Arbeitszeit verkürzen und die Rahmenbedingungen wie Kinderbetreuung u.ä. stimmen. Auf der anderen Seite führt die Verkürzung der Arbeitszeit oft zu schlechteren Arbeitsbedingungen und Einkommensverhältnissen und verringert nicht zuletzt die Aufstiegschancen von Frauen. Teilzeitbeschäftigung ist dann kritisch zu betrachten, wenn sie nicht freiwillig sondern als Konsequenz aus schlechten Rahmenbedingungen stattfindet und Frauen eigentlich lieber in Vollzeit tätig wären.[67] Europaweit steigt die Bedeutung der Teilzeitbeschäftigung als der Erwerbsform für Frauen. Es lässt sich gleichfalls ein Zusammenhang zwischen hohen Frauenbeschäftigungsquoten und hohen Teilzeitquoten konstatieren. (Schulze Buschoff 1999)

Ein deutlicher Unterschied zu Deutschland zeigt sich in der Erwerbstätigkeit von Müttern mit Kleinkindern. So waren 2003 71,9% der schwedischen Mütter mit Kindern zwischen 0 und 3 Jahren erwerbstätig, 37% von ihnen in Teilzeitbeschäftigung. Die folgende Abbildung zeigt das Erwerbsverhalten von Müttern mit Kindern anhand des Alters des jüngsten Kindes in Schweden.

Mütter mit jüngstem Kind							
unter 3 Jahre alt				3 bis 6 Jahre alt		6 bis 16 Jahre alt	
Jahr	gesamt	teilzeit	elternzeit	gesamt	teilzeit	gesamt	teilzeit
1985	79,5	58,9		83,3	63,4	81,3	61,3
1990	82,0	51,2		88,7	60,2	85,0	55,6
1995	67,5	47,2		78,5	53,7	72,5	50,6
2000	71,3	41,0		80,7	46,0	75,9	43,8
2003	71,9	37,0	26,8	81,3	45,2	76,1	41,1

Abb. 14: Beschäftigungsraten von Müttern in Schweden nach dem Alter des jüngsten Kindes (in %)
Quelle: erarbeitet nach „Babies and Bosses", Work and Family Life[68]

---

[67]   (19) www.eurofound.eu.int, 2005
[68]   www.oecd.org/els/social/family , vom 23.12.05

Zunächst verdeutlicht die Abbildung, dass das Alter der Kinder für die Erwerbstätigkeit der schwedischen Frauen kaum ausschlaggebend zu sein scheint. Die Quote der erwerbstätigen Frauen liegt in jeder Altergruppe über dem deutschen Wert. Auch mit Kindern im Alter von 0–3 Jahren ist ein Großteil der schwedischen Mütter (wenn auch häufig in Teilzeit) erwerbstätig. Der Vergleich zu Deutschland (Abb. 9), wo nur ca. 31% der Mütter mit Kindern unter 3 Jahren erwerbstätig sind (davon 18,7% in Teilzeit) zeigt, dass gerade bei den Müttern mit Kleinkindern die Unterschiede im Erwerbsverhalten gravierend sind. Dieser Trend setzt sich bis in das Schulalter der Kinder fort. Insgesamt ist jedoch der Anteil der Teilzeitbeschäftigten bei allen Altersgruppen seit Mitte der 80er Jahre zurückgegangen, wenn auch immer noch nahezu die Hälfte der schwedischen Frauen teilzeitbeschäftigt ist.

Perioden der Hausfrauentätigkeit oder der Erwerbslosigkeit spielen bei den Schwedinnen nur eine untergeordnete Rolle (unter 2% der Beschäftigten). Häufiger sind Übergänge von Freistellungsphasen in Teilzeitbeschäftigungen (Schulze Buschoff 1999).

Betrachtet man die Arbeitszeitverteilung bei Paaren ergeben sich auffällige Unterschiede zwischen beiden Ländern:

Erwerbsstatus	Deutschland	Schweden
beide Vollzeit beschäftigt	15,7	39,4
ein Partner voll/einer teilzeit beschäftigt	23,1	39,1
ein Partner beschäftigt	52,2	13,0
kein Partner beschäftigt		2,9

Abb. 15: Erwerbsstatus beider Eltern (in % Paare mit Kindern), Stand 1999
Quelle: Zahlen für Schweden: „Babies and Bosses", Zahlen für Deutschland: OECD-Employment Outlook 2001

In Schweden dominiert eindeutig das „Doppelverdienermodell" bei Paaren mit Kindern, das heißt, ein geschlechterneutrales Konzept sozialer Staatsbürgerschaft. Abgesehen von gesetzlichen Bestimmungen, die in direktem Zusammenhang mit der Geburt eines Kindes stehen, gilt in Schweden hinsichtlich Arbeitsmarkt, Steuern und sozialer Sicherheit für verheiratete Frauen dieselbe Gesetzgebung wie für Männer.

In der überwiegenden Mehrzahl der Familien mit Kindern sind beide Partner voll erwerbstätig, dicht gefolgt von Paaren, in denen ein Partner Vollzeit und der andere Teilzeit beschäftigt ist. Das so genannte „Alleinverdienermodell", das in Deutschland von der Mehrzahl der Paare mit Kindern praktiziert wird, ist in Schweden ein Minderheitenmodell.

60

Die Gründe für dieses unterschiedliche Erwerbsverhalten sind vielschichtig. Einerseits führen hohe Steuern- und Abgabenbelastungen in Schweden dazu, dass ein Erwerbseinkommen in der Regel den Lebensunterhalt der Familie nicht abdecken kann, wie die nachstehende Abbildung zeigt.

Familie mit zwei Kindern, 4 und 6 Jahre, Mietwohnung. Beide Eltern arbeiten, ein Elternteil Vollzeit, einer Teilzeit	
Einkommen in SEK/Monat	
Lohn/Gehalt 1	23 300
Lohn/Gehalt 2	13 200
Kindergeld	1 900
Steuern	- 11 140
Verfügbares Einkommen	27 620
Ausgaben	
Mitwohnung, 3 Schlafzimmer	5 700
Kinderbetreuung	1 050
Notwendige Ausgaben	10 690
Pkw, Unterhaltung, Urlaub, Sparen	9 820

Abb. 16: Übersicht der Einnahmen und Ausgaben einer schwedischen Durchschnittsfamilie
Quelle: Schwedisches Institut : Die wirtschaftliche Lage der schwedischen Haushalte, Juni 2005

Des Weiteren hat sich das schwedische Modell aus spezifischen nationalen Erfahrungen heraus entwickelt (späte Industrialisierung, weit verbreitete Armut, Massenauswanderung). Im Gegensatz zu den wohlhabenderen europäischen Staaten war Schweden lange Zeit stark von der bezahlten Arbeit der Frauen abhängig. Der ständige Druck auf die Geburtenrate verstärkte die Auffassung, dass ein umfassendes Eingreifen des Staates notwendig sei, um Familien mit Kindern zu unterstützen.

Das langfristige Ziel der schwedischen Arbeitsmarktpolitik ist Vollbeschäftigung, d.h. das Erreichen einer Erwerbsquote von 80% der Bevölkerung im Alter zwischen 20–64 Jahren. Die Zielvorgabe der Regierung für die Arbeitslosenquote liegt bei 4% und wird mit derzeit 6,3% (Stand 2004, Eurostat) überschritten. Allerdings zeigen sich nur geringe Unterschiede zwischen der Erwerbslosenquote bei Männern (6,5%) und bei Frauen (6,1%). Auch hier werden die Auswirkungen der Geschlechterneutralität der Arbeitsmarktpolitik sichtbar.

5.3.2. Einfluss der Betreuungsinfrastruktur auf die Erwerbstätigkeit von Frauen mit Kindern

Mit der zunehmenden Nachfrage nach weiblichen Arbeitskräften in den 60er Jahren wurde der Ruf nach einem Ausbau der Kinderbetreuung immer lauter. Bereits in den 70er und 80er Jahren bemühten sich die Gemeinden der steigenden Nachfrage durch ein größeres Angebot an Plätzen gerecht zu werden, doch erst mit der stringenteren Abfassung des Gesetzes zur Kinderbetreuung 1995, in dem die Verpflichtung der Gemeinden zur raschen Bereitstellung von Betreuungsplätzen für erwerbstätige oder studierende Eltern festgeschrieben wurde, gelang es, den Bedarf weitgehend zu decken. Mit weiteren Reformen 2001–2003 wurden auch jene Eltern in das System der Tagesbetreuung mit einbezogen, die erwerbslos oder wegen eines weiteren Kindes zu Hause waren. Ferner wurde ein Höchstbeitragssatz für Gebühren festgelegt. Ziel der Reformen ist eine für alle Kinder offene und finanzierbare Kinderbetreuung. Die verschiedenen Betreuungseinrichtungen umfassen Kinder zwischen 1–12 Jahren.

	Altersgruppe	Öffnungszeiten	Inhalte
Vorschule	1-5 Jahre, Anspruch für alle 4 und 5jährigen auf 525 gebührenfreie Stunden pro Jahr	Ganzjährig, an Arbeitszeiten der Eltern angepasst	15-20 Vorschulkinder je Gruppe, eigener Lehrplan für die Vorschule, Ganzheitsperspektive „educare"
Familientagesstätte	1-5 Jahre	Ganzjährig, an Arbeitszeiten der Eltern angepasst	Alternative zur Vorschule in dünn besiedelten Gebieten, Familienpfleger betreut Kinder bei sich zu Hause
offene Vorschule	1-5 Jahre	Tagesangebote	für Kinder, deren Eltern tagsüber zu Hause sind, gemeinsam mit den Eltern, in der Regel gebührenfrei, oft sozialer Charakter
Freizeitheim	6-12 Jahre	Schulfreie Zeit (morgens, nachmittags und Ferien), ganzjährig an Arbeitszeiten der Eltern angepasst	Betreuung von Schulkindern, deren Eltern berufstätig sind oder studieren, enge Zusammenarbeit mit den Schulen
offene Freizeittätigkeit	10-12 Jahre		Alternative zu Freizeitheim , nur wenig verbreitet

Abb. 17: Formen und Umfang der schwedischen Kinderbetreuung
Quelle: erarbeitet nach Schwedisches Institut: Kinderbetreuung in Schweden, Mai 2005

Das schwedische Schulgesetz definiert die Vorschultätigkeit und Schulkinderbetreuung und deren Formen und Auftrag. Ein Betreuungsplatz soll von den Kommunen normalerweise innerhalb von drei bis vier Monaten nach Anmeldung und in Wohnortnähe angeboten werden. Ebenso enthält es Vorgaben für die Qualität der

Betreuung, die Gruppengröße und die Qualifikation des Betreuungspersonals. Diese Vorgaben führen dazu, dass nahezu jede erwerbstätige Mutter, die dies wünscht, ihr Kind ganztags in einer kommunalen Einrichtung betreuen lassen kann. Diese Möglichkeit wird von der Mehrzahl der Familien auch genutzt. Der Anteil der Kinder im Vorschulalter, die außerhäuslich betreut werden, liegt zwischen 79 und 90%. Die in Deutschland gegenwärtig stattfindende öffentliche Diskussion über den Ausbau von Ganztagsbetreuungsplätzen vor allem für Kinder unter drei Jahren hat also in Schweden schon Anfang der 90er Jahre stattgefunden, mit dem Ergebnis, dass heute für jedes Kind faktisch ein Platz zur Verfügung steht.

	Kinder in den Einrichtungen im Alter von			
	1-5 Jahre	6-9 Jahre	10-12 Jahre	1-12 Jahre
Kinderbetreuung gesamt	80,5	74,7	9,4	**57,3**
Kommunal	67,8	68,9	8,5	**50,4**
Privat	12,8	5,8	0,9	**6,9**
davon Vorschulbetreuung				
kommunal	80,4	0,6		**29,1**
privat	67,6	0,4		**24,5**
	12,8	0,2		**4,6**
davon Betreuung von Schulkindern				
kommunal	0,1	74,2	9,4	**28,1**
privat	0,1	68,5	8,5	**25,9**
	0,0	5,7	0,9	**2,2**

Abb. 18: Anteil der Kinder in verschiedenen Altersgruppen in den verschiedenen Formen der Kinderbetreuung 2002 (in %)
Quelle: Skolverket 2003

Die Ausgaben der Gemeinden für die Kinderbetreuung werden von staatlichen Zuschüssen, kommunalen Steuereinnahmen und Elterngebühren gedeckt. 2003 betrugen die Kosten 46 Milliarden SEK, was ca. 13% der Gesamtausgaben der Gemeinden und knapp 2% des BIP ausmacht. Schweden investiert mehr in die ersten Betreuungsjahre von Kindern als die meisten anderen Länder. So gab das Land 2000 knapp 4,4% seines BIP für die Schulbildung aus (EU-Durchschnitt: 3,6%). [69]

Die Höhe der Gebühren wird von den Gemeinden selbst festgesetzt. In den 90er Jahren stiegen die Gebühren und orientierten sich immer stärker am Einkommen der Eltern und der Verweildauer der Kinder. Diese Entwicklung führte dazu, dass die finanziellen Vorteile durch Gehaltserhöhungen z.B. bei einer Ausdehnung der Arbeitszeit gering ausfielen und Eltern den Anreiz auf Vollzeittätigkeit nahmen. Mit der Einführung eines Höchstbeitragssatzes zum 1.1.2002 versuchte die Regie-

---

[69] www.skolverket.de, 5.1.06

rung diesem Problem zu begegnen. Die Gebühren dürfen nunmehr nicht mehr als 1 bis 3% des Familieneinkommens, abhängig von der Anzahl der Kinder, ausmachen. Die aus der Einführung des Höchstbeitragssatzes für die Gemeinden entstehenden Einkommensverluste werden durch den Staat ausgeglichen.

Unterschiede zeigen sich auch hinsichtlich der Qualifikation des Personals in den Betreuungseinrichtungen. Der Stellenwert, der in Schweden der frühkindlichen Bildung und Erziehung beigemessen wird, zeigt sich nicht nur in eigenen Lehrplänen und einer regelmäßigen Evaluation der Vorschule, sondern auch in der Aus- und Weiterbildung der ErzieherInnen. Nicht von ungefähr ist die Kinderbetreuung seit 1996 dem Bildungsministerium unterstellt. Es gibt vier Kategorien von pädagogischem Personal in den Betreuungseinrichtungen:

* Vorschullehrer (Erzieher)
* Freizeitpädagogen
* Kinderpfleger
* Familienkinderpfleger

Vorschulerzieher und Freizeitpädagogen absolvieren in der Regel eine dreijährige Hochschulausbildung mit den Schwerpunkten Pädagogik, Entwicklungspsychologie und Familiensoziologie sowie einer kreativen Tätigkeit.

Kinderpfleger haben in der Mehrzahl einen Gymnasialabschluss, während Familienkinderpfleger an von den Gemeinden organisierten Ausbildungen teilnehmen. Über die Hälfte der Mitarbeiter in schwedischen Kindereinrichtungen sind Erzieher und Freizeitpädagogen. In den Vorschulen sind 2% und in den Freizeitheimen 14% des Personals Männer.[70]

In den letzten Jahren ist ein leichter Zuwachs an privaten Vorschulen zu verzeichnen. Im Jahr 2002 besuchten 87.300 (12%) Kinder private Vorschulen, Familientagesstätten oder Freizeitheime. Das war gegenüber 2001 ein Zuwachs um 6.400 Kinder. Insgesamt überwiegt jedoch nach wie vor die kommunale Betreuung.[71]

Die außerschulische Betreuung von Schulkindern im Alter von 6 bis 9 Jahren erhöhte sich von 68% im Jahr 2001 auf 74% im Jahr 2002. Die schwedischen Schulen sind in der Regel Ganztagsschulen mit variabler Lage und Dauer der Schultage. Mittagessen und Nachmittagsbetreuung werden im Unterschied zu Deutschland in allen Schulen angeboten und in die Schulzeiten integriert. Die Ferienbetreuung findet überwiegend in den Freizeitheimen statt.

---

[70] (51) www.skolverket.se
[71] (38) National agency for education report No. 236 (2003)

64

5.4. Familienpolitische Leistungen – Transferleistungen und Elternzeitregelungen

In Schweden erhalten Eltern bis zum 16. Lebensjahr des Kindes monatlich 102,- €
Kindergeld, dessen Gewährung verlängert wird, wenn das Kind eine weiterführende
Schule besucht. Für das dritte Kind gibt es eine Mehrkindzulage von 27,- €, für das
vierte Kind 82,-€ und für das fünfte und alle folgenden Kinder 102,-€. Das Kindergeld
wird aus Steuereinnahmen finanziert. Das Kindergeld wurde vor allem eingeführt,
um einen Ausgleich zwischen Familien mit Kindern und Kinderlosen zu schaffen.

Die Elternversicherung ist zwar verwaltungstechnisch an die Krankenversicherung
angegliedert, aber natürlich als Teil der Familien- und Gleichstellungspolitik zu betrachten. Die Leistungen der Elternversicherung gelten für Verdienstausfälle beider
Elternteile während der Pflege ihrer neugeborenen Kinder und werden für jedes Kind
längstens für 480 Tage gezahlt. Leistungen für 60 von 480 Tagen sind an die Mutter
gebunden, Leistungen für weitere 60 Tage an den Vater. Die verbleibenden 360 gesetzlich garantierten Tage können von beiden Elternteilen beansprucht werden. Für
390 Tage wird das so genannte „Elterngeld" in Höhe von 80% des Einkommens (bis
zu einer Höchstgrenze) gezahlt. Danach können die Eltern für weitere 90 Tage einen
Festbetrag von 60 Kronen pro Tag in Anspruch nehmen. Eltern, die vor der Geburt
des Kindes kein Einkommen hatten, erhalten einen Festbetrag von 180 Kronen für
die ersten 390 Tage und dann 60 Kronen für die restliche Zeit. Voraussetzung für die
Leistung ist, dass das Kind das 8. Lebensjahr noch nicht vollendet hat.

Unmittelbar nach der Geburt können Väter zusätzlich zum gesetzlich garantierten
Mutterschutz 10 Tage „Vaterurlaub" beanspruchen.

Für insgesamt 120 Tage im Jahr können kurzzeitige Leistungen für die Pflege eines
erkrankten Kindes bis zum 12. Lebensjahr und bis zu 60 Tage für die Pflege eines
erkrankten Angehörigen bezogen werden.

Die Einführung der Elternversicherung in Schweden hat hinsichtlich einer reinen
Fertilitätsbetrachtung keine außergewöhnlichen Steigerungen der Geburtenrate bewirkt, aber maßgeblich zu einer Erhöhung der Frauenerwerbsquote beigetragen.[72] Das
einkommensabhängige Elterngeld verringert die Einkommensverluste und damit ein-
hergehend die Opportunitätskosten im Zusammenhang mit der Geburt eines Kindes
erheblich und erleichtert gerade erwerbstätigen Eltern die Entscheidung für ein Kind.

Die Reservierung von Phasen der Elternzeit für Väter wirkt sich vor allem positiv auf die Gleichstellung der Geschlechter aus und bedeutet gleichzeitig eine

---

[72] (32) Studie der Prognos-AG

Entlastung der Mütter. In Schweden wird die Elternversicherung aus Sozialversicherungsbeiträgen finanziert. Die Überlegungen, die es in Deutschland zur Einführung eines einkommensabhängigen Elterngeldes nach schwedischem Vorbild gibt, werden sich angesichts hoher Lohnnebenkosten eher an steuerfinanzierten Modellen orientieren.

5.5. Das schwedische Steuersystem und seine Wirkungen auf die Erwerbstätigkeit von Frauen

Das oben dargestellte schwedische Sozialversicherungssystem ist sehr kostenintensiv und nur über ein hohes Steueraufkommen zu finanzieren. Schweden gehört zu den Ländern in Europa mit einer sehr hohen Staats- und Steuerquote.

	Dänemark	Finnland	Schweden	Deutschland	Frankreich
Staatsquote	53,7	50,6	56,6	46,6	53,9
Steuerquote	48,6	44,4	50,2	39,5	44,8
Anteil an den Gesamtsteuer-Einnahmen (% 2000)					
Indirekte Steuern	30,8	28,5	20,0	27,2	25,2
Einkommenssteuer	52,7	30,7	35,6	25,3	18,1
Körperschaftssteuer	4,9	11,7	7,6	4,7	7,1
Sozialversicherungsbeiträge	4,5	25,6	28,0	39,1	36,2

Abb. 19: Steuerindikatoren nach Ländern 2005, in % des BIP
Quelle: SWP-Aktuell 47, 11/2005

Die Abbildung zeigt, dass Schweden im Vergleich der Länder die höchste Staats- und Steuerquote zu verzeichnen hat, aber die Sozialversicherungsbeiträge gemessen an Deutschland und Frankreich geringer am Steueraufkommen beteiligt sind. Ein Großteil der Sozialleistungen wird über Steuern und nicht über Sozialabgaben finanziert, was den Faktor Arbeit (Lohnnebenkosten) entlastet. Das Steuersystem mit seiner relativ hohen steuerlichen Belastung der Einkommen sorgt zugleich für einen hohen Grad an sozialer Kohäsion. So hat Schweden OECD-weit die niedrigsten Einkommensunterschiede nach Steuern (Stiftung Wissenschaft und Politik, SWP).

Erst 1993 hat Schweden Sozialversicherungsabgaben für Arbeitnehmer eingeführt. Die Abgaben sind nach wie vor niedriger als der Arbeitgeberanteil (in Deutschland werden die Beiträge bislang je zur Hälfte vom Arbeitgeber und Arbeitnehmer getragen). Die Beiträge aus den sozialen Sicherungssystemen machen in Schweden nur einen kleinen Teil der staatlichen Einnahmen aus. [73]

Das schwedische Steueraufkommen wird aus direkten und indirekten Steuern gespeist. Direkte Steuern sind vor allem die staatliche und kommunale Einkommenssteuer und die staatliche und kommunale Vermögenssteuer.
Das zu versteuernde Einkommen unterteilt sich in drei Einkommensarten

* Einkommen aus abhängiger Beschäftigung
* Einkommen aus Kapitalvermögen
* Einkommen aus selbständiger oder freiberuflicher Tätigkeit

Bei Einkünften aus abhängiger Beschäftigung wird in der Regel eine Kommunalsteuer in Höhe von 26–35% erhoben (differiert zwischen den einzelnen Kommunen) und eine 20%ige staatliche Einkommenssteuer (bis zu einem Einkommen von 284.300 SEK, darüber beträgt der Satz 25%).
Auf Kapitaleinkünfte wird ein 30%iger Steuersatz erhoben und Gewerbetreibende und andere private Selbständige werden wie abhängig Beschäftigte besteuert.

Als indirekte Steuern sind vor allem die Mehrwertsteuer und Steuern auf bestimmte Verbrauchsgüter zu nennen.

Kennzeichnend für das schwedische Steuersystem ist der Grundsatz der Individualbesteuerung, der in Deutschland im Grundsatz auch gilt, aber bei Ehepaaren durch das Splittingverfahren durchbrochen wird. In Schweden werden Ehepaare steuerlich wie Einzelpersonen behandelt. Das schwedische Steuerrecht ist völlig neutral in Bezug auf den Familienstand. Während in Deutschland 1998 52,6% aller Einkommenssteuerveranlagungen Zusammenveranlagungen waren und nur 0,9% Getrenntveranlagungen, gibt es diese Unterschiede in Schweden seit der Steuerreform in den 70er und 80er Jahren nicht mehr. [74]

Im schwedischen Steuersystem sind lediglich das Kindergeld und andere familienpolitische Zulagen, wie das Eltern- oder Schwangerschaftsgeld steuerfrei. Dadurch erfolgt für Familien mit Kindern eine steuerliche Entlastung gegenüber Paaren ohne Kinder. Ehepaare ohne Kinder haben gegenüber Lebensgemeinschaften oder Einzelpersonen keine steuerlichen Vorteile.

Damit fördert das schwedische Steuerrecht weder die inner- noch die außerhäusliche

---

[73] (18) EC, GD Taxation and Customs Union (2005)
[74] Studie der schweizerischen Arbeitsgruppe Individualbesteuerung zu einer Einführung der Individualsteuer im Bund und den Kantonen, http://www.estv.admin.ch/data/d/pdf/individual/individualbesteuerung_anhang1.pdf v. 10.1.06

Erwerbstätigkeit. Auch hier wird die politische Zielsetzung der Geschlechtergleichstellung konsequent umgesetzt.

Die hohe Frauenerwerbsquote in Schweden ist auch mit dem Fakt zu erklären, dass Frauen nicht lediglich einen „Zuverdienst" mit ihrer Berufstätigkeit erzielen, sondern ihr Einkommen steuerlich wie das ihres Ehepartners behandelt wird. Außerdem fehlt der Negativanreiz zu unbezahlter Hausarbeit, wie er durch das deutsche Splittingsystem bei Ehepaaren gegeben ist.

	Deutschland	**Schweden**
Charakterisierung des Steuersystem	• Individualbesteuerung, Wahlrecht zwischen Individualbesteuerung und Splittingverfahren bei Ehepaaren • Steuerfreiheit des Existenzminimums sämtlicher Familienmitglieder, selbstständige Steuerpflicht der Kinder • Kinderfreibetrag bzw. Kindergeld unabhängig vom Einkommen der Eltern • Haushaltsfreibetrag und Kinderbetreuungskostenabzug für Alleinerziehende und Lebensgemeinschaften mit Kindern, Ausbildungsfreibetrag • Unterhaltskosten für geschiedenen Ehegatten absetzbar, aber steuerpflichtig, Unterhaltsverpflichtete Person hat Anspruch auf halben Kinderbreibetrag und hälftiges Kindergeld • Keine Vermögenssteuer	• Individualbesteuerung • Keine Steuerfreiheit des Existenzminimums • Selbstständige Steuerpflicht der Kinder • Familienzulagen • Persönlicher Abzug • Kein Abzug für Kinderbetreuungskosten • Zulagen für studierende Kinder • Unterhaltsleistungen für geschiedenen Ehegatten (aber nicht für Kinder) sind absetzbar, Besteuerung der Leistungen für eigenen Unterhalt • Unterhaltsleistungen für Kinder steuerfrei • Vermögenssteuer, gemeinschaftliche Veranlagung der Ehegatten und Kinder
Belastungen	• Lebensgemeinschaften ohne Kinder bezahlen im Vergleich zu Ehepaaren mangels Splittingvorteil höhere Steuern • Für Lebensgemeinschaften mit Kindern – Haushaltsfreibetrag • Ein- und Zweiverdienerpaare sind steuerlich gleich gestellt • Paarhaushalte mit Kindern sowie Alleinerziehende steuerlich gleich stark belastet, wie Paare ohne Kinder	• Ehepaare und Lebensgemeinschaften werden steuerlich gleich behandelt • Starke steuerliche Belastung von Einverdienerpaaren gegenüber Zweiverdienerpaaren • Steuerliche Entlastung von steuerpflichtigen Kindern mittels eines ausgebauten Familienzulagensystems

Struktur des Steuertarifs	• Einkommenssteuer: Linear progressiver Normaltarif ab 7.235 € bei Alleinstehenden und 14.471 € bei Ehepaaren • Keine Vermögenssteuer	• Einkommenssteuer: progressiver Steuertarif für Einkommen aus unselbstständiger und selbstständiger Erwerbstätigkeit • Proportionalsatz von 30% für Einkommen aus Kapital • Vermögenssteuer: proportionaler Steuertarif von 1,5% ab 1,5 Mill. SEK
Politischer Hintergrund	• Grundsätzlich weder Förderung noch Benachteiligung von Erwerbstätigkeit, Splittingmodell entlastet Ehepaare, vor allem Einverdienerpaare, negativer Anreiz auf Frauenerwerbstätigkeit bei verheirateten Frauen • Finanzielle Entlastung kinderreicher Familien	• Weder Förderung noch Benachteiligung der Erwerbstätigkeit • Finanzielle Entlastung von Ehepaaren und Lebensgemeinschaften mit Kindern sowie allein erziehender Personen mittels Familienzulagen

Abb. 20: Vergleich der Steuersysteme in Deutschland und Schweden

Der Vergleich der beiden Steuersysteme zeigt, dass in Schweden sowohl die Gleichstellung der Geschlechter als auch die der Lebensformen (Ehe, Lebensgemeinschaft oder Single) im Steuerrecht vollzogen ist.

Lediglich die Tatsache, dass Kinder im Haushalt zu betreuen sind, führt zu einer steuerlichen Entlastung. In Deutschland genießen dagegen Ehepaare ohne Kinder gegenüber Lebensgemeinschaften ohne Kinder steuerliche Vorteile. Die Berücksichtigung von Kindern findet im deutschen Steuerrecht nur im Rahmen der Freistellung des Existenzminimums statt. Ein- und Zweiverdienerpaare sind steuerlich gleich gestellt, während in Schweden die Zweiverdienerpaare eine Besserstellung erfahren.

Insgesamt ist das schwedische Steuersystem sehr einfach und übersichtlich, da es nur wenige Ausnahmetatbestände kennt.

Für verheiratete Frauen in Schweden gibt es im Steuersystem keine Anreize zu längeren Phasen unbezahlter Hausarbeit. Das politische Leitbild „Doppelverdienermodell" findet seine Widerspiegelung auch in den steuerlichen Rahmenbedingungen.

6. Schlussfolgerungen

Die Untersuchung hat gezeigt, dass die in der Europäischen Beschäftigungsstrategie anvisierte Frauenerwerbsquote nur realisiert werden kann, wenn die Mitgliedsstaaten beschäftigungsfreundliche Ansätze bei Arbeitsangeboten und Arbeitszeitverteilung, Kinderbetreuungsinfrastruktur sowie Steuer- und Transferpolitik verstärken. Die zentrale Erklärung für eine hohe Erwerbsbeteiligung von Frauen ist eine gelungene Vereinbarkeit von Beruf und Familie. Während im Grundsatz eine starke Erwerbsbeteiligung von Frauen oft mit einem Rückgang der Geburtenrate einhergeht, beweisen vor allem die skandinavischen Staaten, dass diesem Trend mit einer gezielten Familienpolitik begegnet werden kann.

Sinnvoll ist dabei, familienpolitische Maßnahmen auch immer unter Gleichstellungsaspekten zu betrachten, d.h. für beide Geschlechter die Voraussetzungen zur Vereinbarkeit von Familie und Beruf zu schaffen. Dazu gehören Elternzeitregelungen, die einen Teil der Elternzeit für Vater oder Mutter reservieren, aber auch ein gesellschaftliches Klima, das es beiden Elternteilen ohne berufliche Nachteile gestattet, für die Kinderbetreuung eine befristete Auszeit zu nehmen.

Vor allem Länder, deren Erziehungsgeldregelungen als Lohnersatzleistungen ausgestaltet sind und die über eine gut ausgebaute öffentliche Kinderbetreuungsinfrastruktur verfügen, verzeichnen hohe Geburtenraten und hohe Frauenerwerbstätigkeit. Hohe finanzielle Transfers über einen langen Zeitraum und fehlende Ganztagsbetreuung für Kinder, kombiniert mit fehlenden flexiblen Arbeitszeitregelungen und steuerlicher Begünstigung von Alleinverdienern befördern dagegen den langfristigen beruflichen Ausstieg von Müttern.

Deutschland zählt trotz international vergleichsweise hoher Transferzahlungen an Familien und großzügiger Elternzeit- und Mutterschaftsregelungen noch immer zu den Ländern mit einer vergleichsweise geringen Geburtenrate und dem weltweit höchsten Anteil an kinderlosen Paaren und wenig Mehrkindfamilien, die die Kinderlosigkeit kompensieren könnten. Offenkundig führen die überwiegend an finanziellen Transfers orientierten familienpolitischen Instrumente nicht zu den gewünschten Erfolgen. Schuld ist daran nicht zuletzt die spezifisch deutsche Lebensverlaufsplanung. Der klassische Zyklus von Ausbildung (sehr lang) – Beruf – Rente sorgt dafür, dass deutsche Akademikerinnen sich nach Ausbildung und Berufseinstieg gerade einmal fünf Jahre Zeit nehmen, um sich für oder gegen ein Kind zu entscheiden (7. Deutscher Familienbericht). Möglichkeiten aus dem klassischen Schema auszubrechen und zum Beispiel Familiengründung und Berufseinstieg miteinander zu verbinden, sind bislang kaum vorhanden. Das derzeit gewährte Erziehungsgeld mit seinen sehr eng angelegten Einkommensgrenzen mildert gerade für zuvor gut verdienende Eltern nicht die Opportunitätskosten im Zusammenhang mit der Geburt eines Kindes. Dafür unterstützt das bis zum 27. Lebensjahr gewährte Kindergeld Familien, deren Kinder möglichst lange von ihnen ökonomisch abhängig sind. Die Reservierung von Teilen der Elternzeit für Väter, wie in Schweden praktiziert, entlastet nicht nur Mütter, sondern ist auch gleichstellungspolitisch vernünftig. Neben der Verbesserung der materiellen Rahmenbedingungen für die Vereinbarkeit von Beruf und Familie wird auch eine stärkere Durchsetzung der Gleichstellung bei der Wahrnehmung von häuslichen und familiären Pflichten immer wichtiger. Wie sonst ist es zu erklären, dass trotz jahrzehntelanger erfolgreicher Gleichstellungspolitik in Schweden der Anteil der Männer an der Hausarbeit gerade einmal um sieben Minuten pro Tag gestiegen ist? Hier bleibt noch vieles in den Köpfen zu verändern.

Ein Blick über die Grenzen zu den skandinavischen Nachbarn lohnt trotzdem. Dort ist es der Politik offenbar gelungen, steigende Frauenerwerbstätigkeit mit konstanten Geburtenraten zu verbinden. Die Ursachenforschung gestaltet sich dabei vielschichtig. Es ist leider nicht so, dass ein bloßes Kopieren des „schwedischen Modells" die deutschen demographischen Probleme auf Anhieb lösen würde. Neben der Tatsache, dass in beiden Ländern völlig unterschiedliche geografische, wirtschaftliche, bevölkerungspolitische und nicht zuletzt historische Voraussetzungen vorliegen, hat sich auch das schwedische Sozialstaatsmodell aus einer Krise heraus mit dem Zwang zu Veränderungen über Jahrzehnte entwickelt. Interessant ist ein Vergleich der beiden Länder hinsichtlich dieses speziellen Politikfeldes trotzdem.

Vor allem ehemalige DDR-Bürger, die das realsozialistische Betreuungs- und Bildungssystem erlebt haben und sich nun mit den Vorzügen des schwedischen Sozialstaates beschäftigen, werden nach Ausblendung ideologischen Ballastes manche Parallelen finden. Das Ziel, Müttern mittels staatlich organisierter Kinderbetreuung umfassende Erwerbstätigkeit zu ermöglichen, war und ist in beiden Staaten (wenn auch mit anderem Hintergrund) das gleiche. Die heute noch großen Unterschiede in der Betreuungs- und Erwerbssituation in Ost- und Westdeutschland sind nicht zuletzt ein Erbe dieser Entwicklung.

Die Erwerbsbiographien von jungen Frauen und Männern in Deutschland unterscheiden sich zunächst nicht – bis zu dem Zeitpunkt, an dem das erste Kind geboren wird. Die Geburt eines Kindes in Deutschland ist in der Regel mit einem langfristigen Berufsausstieg der Mutter verbunden. Je mehr Kinder im Haushalt leben und je jünger die Kinder sind, umso seltener sind die Mütter erwerbstätig. Während sich die Mehrzahl der Paare auch mit Kleinkindern Vollzeitbeschäftigung für den einen und Teilzeitbeschäftigung für den anderen Partner wünscht, wird in der Realität oft das Modell des (allein) erwerbstätigen Ehemannes und der nicht erwerbstätigen (in Elternzeit befindlichen) Ehefrau praktiziert. Auch für Alleinerziehende ist der längerfristige berufliche Ausstieg finanziell oft attraktiver als die rasche Wiederaufnahme einer (Teilzeit) Erwerbstätigkeit.

Schweden setzt in seiner Familienpolitik auf das „Doppelverdienermodell". Beide Elternteile sind in der Regel erwerbstätig, nicht zuletzt weil durch hohe Einkommenssteuern *ein* Verdienst oft nicht für den Unterhalt der Familie ausreicht. Alle familienpolitischen Regelungen sind darauf ausgerichtet, dass Mütter und Väter für einen eng begrenzten Zeitraum nach der Geburt des Kindes Transferzahlungen erhalten, die sich am letzten Einkommen orientieren, um anschließend rasch wieder in das Erwerbsleben zurückzukehren. Längerfristige Beurlaubungen sind finanziell nicht attraktiv. Verknüpft wird die rasche Rückkehr in den Beruf mit flexiblen Arbeitszeitregelungen und Anpassung der Kinderbetreuungszeiten an die Bedürfnisse der Eltern.

In Deutschland wie in Schweden sind die überwiegende Mehrzahl der Teilzeitbeschäftigten Frauen. Während aber in Schweden 30–34 Stunden als Vollbeschäftigung gelten, sind Frauen in Deutschland mit dieser Arbeitszeit teilzeitbeschäftigt.

Die meisten deutschen Frauen geben persönliche und familiäre Gründe für die Teilzeitbeschäftigung an. Speziell in Ostdeutschland ist jedoch der Mangel an Vollzeitarbeitsplätzen der Hauptgrund für die geringere Arbeitszeit. Hier tritt ein Kernproblem bei den Arbeitszeitregelungen zu Tage. Während die überwiegende Mehrzahl der Frauen Teilzeitmodelle mit bis zu 30 Wochenstunden als ideal ansieht, um Familie und Beruf vereinbaren zu können, sind sie dann als ungünstig zu beurteilen, wenn sie lediglich gewünschte Vollzeitbeschäftigungen verhindern.

Unterschiede zeigen sich zwischen beiden Ländern vor allem in der Erwerbstätigkeit von Müttern mit Kleinkindern. Während schwedische Mütter auch mit Kindern unter drei Jahren zu einem hohen Prozentsatz zumindest teilzeitbeschäftigt sind, beginnen viele Mütter in Deutschland ihre Erwerbstätigkeit erst nach dem dritten Lebensjahr des Kindes wieder. Eine entscheidende Ursache neben den unterschiedlichen Regelungen zu Elternzeit und Elterngeld ist vor allem der unterschiedliche Stand der Versorgung mit Kinderbetreuungsinfrastruktur.

Deutschland hat trotz intensiver Bemühungen in den letzten Jahren (nicht zuletzt aufgrund der Empfehlungen der Europäischen Kommission im Rahmen der Europäischen Beschäftigungsstrategie) die Betreuung der unter Dreijährigen vor allem in den alten Bundesländern noch nicht entscheidend verbessern können. Nach wie vor ist der Mangel an öffentlich finanzierten Ganztagsbetreuungsplätzen eines der Haupthindernisse für einen raschen beruflichen Wiedereinstieg von Müttern. Wenn nur für knapp 3% der Kinder dieser Altersgruppe in den alten Bundesländern ein Betreuungsangebot zur Verfügung steht, ist Erwerbstätigkeit für Mütter nicht zu realisieren. Wie notwendig hier politische Entscheidungen und gesetzliche Regelungen sind, zeigt der Anstieg der Kindergartenplätze nach der Umsetzung des Rechtsanspruchs auf einen Kindergartenplatz für Kinder ab drei Jahren. In dieser Altergruppe hat Deutschland mittlerweile einen Versorgungsgrad erreicht, der sich mit dem anderer europäischer Länder vergleichen lässt.

Auch in Schweden, das zu recht als vorbildlich in Bezug auf seine Kinderbetreuungsinfrastruktur bezeichnet wird, fand eine den Bedarf deckende Versorgung mit Betreuungsplätzen erst statt, nachdem die gesetzlichen Bestimmungen konkretisiert und verschärft wurden. Die Tatsache, dass in Schweden jedes Elternteil nach dem ersten Lebensjahr des Kindes einen Anspruch auf einen Betreuungsplatz hat, der von den Kommunen zeitnah und in Wohnortnähe zu realisieren ist, hat in erheblichem Umfang die Frauenerwerbstätigkeit gefördert. Während sich ein signifikanter Zusammenhang zwischen der Einführung der neuen Elternversicherung in Schweden und der Erhöhung der Geburtenrate bislang nicht nachweisen ließ, ist der Zusammenhang zwischen ausgebauter Kinderbetreuung und Zunahme der Frauenerwerbstätigkeit deutlich erkennbar. Dabei ist für die Akzeptanz der öffentlichen Kinderbetreuung offenkundig nicht nur die Quantität, sondern auch die Qualität der Betreuung entscheidend. In Schweden wird bereits die vorschulische Betreuung als Teil des Konzeptes zum „Lebenslangen Lernen" betrachtet und entsprechend in Ausbildung und Qualifizierung des Betreuungspersonals investiert. Die Ganztagsbetreuung endet in Skandinavien nicht mit der Einschulung der Kinder, sondern wird in den Schulbetrieb integriert. In Deutschland sind dagegen fehlende Hort- oder Ganztagsschulplätze ein Grund, weshalb Mütter von Kindern dieser Altersgruppe ihre Erwerbstätigkeit wieder einschränken müssen.

Die Art und Weise der Besteuerung von Erwerbseinkommen hat einen kaum messbaren Einfluss auf die Entscheidung für Kinder. Trotzdem verursacht das derzeit in Deutschland geltende Ehegattensplitting bei verheirateten Paaren objektiv eine Besserstellung von verheirateten Paaren ohne Kinder gegenüber Lebensgemeinschaften mit Kindern. Von der Einbeziehung der Kinder in ein Splittingverfahren, dem so genannten Familiensplitting bis zur vollständigen Individualisierung der Besteuerung des Einkommens reichen die Vorschläge der Experten. Während die einen nach wie vor den grundgesetzlich verankerten Schutz der Ehe als ausreichenden Grund für die Aufrechterhaltung des jetzigen Steuermodells sehen, verweisen andere auf die Gleichstellung zwischen Mann und Frau, die selbstverständlich auch im Steuerrecht gelten muss. Das Beispiel Schwedens zeigt, dass auch eine individuelle Besteuerung über ein Familien förderndes Zulagensystem soziale Gerechtigkeit herstellen kann. Ein Steuersystem aber, das negative Anreize zur Aufnahme von weiblicher Erwerbstätigkeit enthält, sollte kritisch hinterfragt werden. Solange das männliche Alleinverdienermodell staatlich begünstigt wird, kann es keine grundlegenden Veränderungen bei der Frauenerwerbstätigkeit geben.

Die gegenwärtig in der Öffentlichkeit geführte Diskussion um die steuerliche Absetzbarkeit der Kinderbetreuungskosten lässt die unterschiedlichen Lebensentwürfe aufeinander prallen. Während die einen die volle Absetzbarkeit nur für Familien fordern, in denen beide Partner erwerbstätig sind, bestehen die anderen auf dem gleichen Anspruch für Paare mit nur einem Verdiener. Politik in Deutschland beginnt gerade erst im Angesicht der demographischen Entwicklung, den Fokus stärker auf Familien mit Kindern zu richten. Der Effekt, dass Kinder dem Staat mehr finanziellen Nutzen bringen, als sie ihn selbst kosten, wird in der öffentlichen Debatte um zusätzliche Mittel für Kinderbetreuung und Bildungsangebote gern verschwiegen. Dabei resultiert dieser Effekt vor allem aus unserem umlagefinanzierten Sozialversicherungssystem, in erster Linie dem Rentenversicherungssystem. Dieses System bewirkt eine laufende Umverteilung von durchschnittlich und überdurchschnittlich großen Familien auf Kinderarme und Kinderlose. Für die Zukunft wird sich ein Umbau des umlagefinanzierten Rentensystems vor allem zu einer Rente in Abhängigkeit von der Kinderzahl nicht vermeiden lassen. Noch werden die Kosten von Kindern weitgehend individualisiert, ihr Nutzen aber wird kollektiviert. Eltern werden für die Jahre, die sie zur Betreuung der Kinder nur teilweise erwerbstätig sein konnten, durch das geltende Rentenrecht faktisch „abgestraft". Besonders betroffen von diesen Regelungen sind vor allem Mütter, die, wie die Untersuchung gezeigt hat, besonders häufig nicht oder nur Teilzeit erwerbstätig sind.

Insgesamt lässt sich konstatieren, dass für Frauen in Deutschland, die Beruf und Familie miteinander verbinden möchten, unmittelbar nach der Geburt des Kindes bis zum ersten Lebensjahr die Verringerung der Opportunitätskosten eine gewisse Rolle spielt, da die überwiegende Mehrheit der Mütter, in dieser Zeit die Betreuung des Kindes selbst oder im Wechsel mit dem Vater übernehmen will. Anschließend ist bei vielen Müttern der Wunsch nach einer qualifizierten Ganztagsbetreuung für das Kind vorhanden sowie nach flexiblen Arbeitszeitregelungen, wobei die meisten Mütter eine Teilzeitbeschäftigung mit bis zu 30 Wochenstunden einer Vollbeschäftigung vorziehen würden. Lange Elternzeitregelungen mit vergleichsweise geringem Einkommen stoßen dagegen auf wenig Interesse.

Das heißt, das „schwedische Modell" mit kurzer Elternzeit und am letzten Einkommen orientierten Elterngeld und einer anschließend in Wohnortnähe verfügbaren Kinderbetreuung sowie weitgehend flexiblen Arbeitszeitregelungen wäre auch für viele deutsche Eltern lukrativ. Die Höhe der Kindergeldzahlungen oder Steuerfreibeträge scheint dagegen eher zweitrangig zu sein. Immer mehr Frauen wünschen sich eine gerechtere Verteilung der häuslichen und familiären Pflichten und damit eine *faktische* Gleichstellung von Männern und Frauen. Das „Alleinverdienermodell" mit dem „Zuverdienst" der Ehefrau hat seine besten Zeiten wohl hinter sich.

Anhang

Abbildungsverzeichnis

Literatur und Quellen:

[1]   Aring, Jürgen (2003) : Industrielle Produktion und Dienstleistungsgesellschaft als komplementäre Säulen der Modernisierung in Schweden, Bremen

[2]   Assig, D./Beck, A. (1996): Frauen revolutionieren die Arbeitswelt, Das Handbuch zur Chancengerechtigkeit, München

[3]   Bergmann, Kristin (1999): Die Gleichstellung von Frauen und Männern in der europäischen Arbeitswelt, Opladen/Wiesbaden

[4a]   Bertelsmann-Stiftung (2002): Vereinbarkeit von Familie und Beruf. Benchmarking Deutschland- Aktuell, Gütersloh

[4b]   Bertelsmann-Stiftung (2005): Studie – Deutsche sehen Familienversicherung für Ehepartner kritisch, in: Gesundheitsmonitor 2005

[4c]   Bertelsmann-Stiftung und BMFSFJ, Hrsg (2004) : Balance von Familie und Arbeitswelt als Herausforderung für die Wirtschaft, Workshop – Tagungsdokumentation, Gütersloh

[5]   Bertram, Hans (2004): Die Familie ist noch lange nicht am Ende, in: GEO-Wissen 34/2004, S. 42–53

[6]   Bien, Walter (2004): Familie in EU-15, Deutsches Jugendinstitut München

[7]   Büchel, Felix/Spieß, Katharina: Form der Kinderbetreuung und Arbeitsmarktverhalten von Müttern in West- und Ostdeutschland, Schriftenreihe des BMFSFJ, Bd. 220, Stuttgart

[8]   Buchholz-Will, W./Schratzenstaller, M. (2002): Barrieren für die Erhöhung der Frauenbeschäftigung in der EU, in: WSI-Mitteilungen 11/2002, S. 678–684

[9]   Buchinger,B./Gschwandtner, U./Pircher, E. (2002): 1x1=mehr als Eins, Stationen auf dem Weg zur Chancengleichheit, Frankfurt/M.

[10]   Bundesministerium für Arbeit und Sozialordnung (2001): Der erste Armuts- und Reichtumsbericht der Bundesregierung, Bonn

[11a]   Bundesministerium für Familie, Senioren, Frauen und Jugend, Hrsg. (2002): Bericht der Bundesregierung zur Berufs- und Einkommenssituation von Frauen, Berlin

[11b]   BMFSFJ (2002): Gender Mainstreaming. Was ist das?, Bonn

[11c]   BMFSFJ, Hrsg. (2004): Bericht über die Auswirkungen der §§ 15 und 16 Bundeserziehungsgeldgesetz, auf der Grundlage einer Studie des Forschungsinstituts der empirica ag

[11e]   BMFSFJ , Hrsg. (2005): Work-Life-Balance – Motor für wirtschaftliches Wachstum und gesellschaftliche Stabilität, Analyse der volkswirtschaftlichen Effekte – Zusammenfassung der Ergebnisse, Berlin

[11f]   BMFSFJ, Hrsg. (2003): Betriebswirtschaftliche Effekte familienfreundlicher Maßnahmen, Kosten-Nutzen-Analyse, Berlin

[11g]   BMFSFJ, Hrsg. (2005) : Zukunft: Familie, Ergebnisse aus dem 7. Familienbericht, Berlin

[11h]   BMFSFJ (2005): Mütter und Beruf: Realitäten und Perspektiven, Monitor Familienforschung, Ausgabe Nr. 4, Dezember 2005

[11i]   BMFSFJ, Hrsg. (2004): Frauen in Deutschland. Von der Frauen- zur Gleichstellungspolitik, Berlin

[11j]   BMFSFJ, Hrsg. : Die Familie im Spiegel der amtlichen Statistik

[11k]   BMFSFJ , Hrsg.: Balance von Familie und Arbeitswelt, Gutachten des DIW Berlin

[11l]   BMFSFJ, Hrsg. (2003): Nachhaltige Familienpolitik im Interesse einer aktiven Bevölkerungspolitik (erstellt von B. Rürup und S.Gruescu)

[12]   Bundeszentrale für gesundheitliche Aufklärung (2005): Kinderwunsch und Familiengründung bei Frauen und Männern mit Hochschulabschluss – Ergebnisse einer Repräsentativbefragung, Köln

[13]   Dettling, Warnfried (2002): Vater, Mutter, Kind und Beruf. Arbeitswelt und Familienwelt im Konflikt?, in: „Leise Revolutionen – Familien im Zeitalter der Modernisierung, hrsg. von Christine Henry-Huthmacher im Auftrag der Konrad-Adenauer-Stiftung, Freiburg

[14a]   Dingeldey, Irene (2002): Das deutsche System der Ehegattenbesteuerung im europäischen Vergleich, in: WSI-Mitteilungen 3/2002

[14b]   Dingeldey, Irene (2000): Erwerbstätigkeit und Familie in Steuer- und Sozial-
        versicherungssystemen, Opladen

[15]   Dorbritz, J./Lengerer, A./Ruckdeschel, K. (2005): Einstellungen zu demo-
        graphischen Trends und bevölkerungsrelevanten Politiken, Ergebnisse der
        Population Policy Acceptance Study, Schriftenreihe des Bundesinstituts für
        Bevölkerungsforschung beim Statistischen Bundesamt, Wiesbaden

[16a]   Engelbrech, Gerhard (2002): Transferzahlungen an Familien, demografische
        Entwicklung und Chancengleicheit, in: WSI-Mitteilungen, Jg. 55, Heft 3,
        S. 139–146

[16b]   Engelbrech, Gerhard (2002): Arbeitsmarktchancen für Frauen, Nürnberg

[16c]   Engelbrech, G./Jungkunst, M. (2001): Arbeitsmarktperspektiven für Frauen
        bis 2010, in: WSI-Mitteilungen, Jg. 54, Heft 5, S. 317–322

[17]   Engler, Nina (2005): Strukturelle Diskriminierung und substantielle Chan-
        cengleichheit, Europäische Hochschulschriften, Reihe II, Rechtswissen-
        schaft, Frankfurt/M.

[18]   European Commission, GD Taxation and Customs Union, (2005): Struc-
        tures of the taxation systems in the European Union, Data 1995–2003,
        Brussels

[19]   European Foundation for the Improvement of Living and Working Condi-
        tions (2005): Combining family and full-time work, Dublin, www.euro-
        found.eu.int , v. 12.12.05

[20a]   Europäische Kommission (2000) : Europäische Beschäftigungs- und Sozial-
        politik – Politik für die Menschen, Brüssel

[20b]   Europäische Kommission (2003): Bericht der Kommission an den Rat, das
        Europäische Parlament, den Europäischen Wirtschafts- und Sozialausschuss
        und den Ausschuss der Regionen – Chancengleichheit für Frauen und Män-
        ner in der EU –Jahresbericht 2002, KOM (2003) 98 endgültig vom 5.3.03

[20c]   Europäische Kommission (2005): Tätigkeitsbericht der Kommission zur
        Gleichstellung von Frau und Mann 2005, KOM (2005) 44 endg. v. 14.2.05,
        http://europa.eu.int/comm/employment_social/news/2005/feb/gender_equa-
        lity_2005_report_de.pdf v. 25.11.05

[20d] Europäische Kommission (2003): Mitteilung über die Zukunft der Europäischen Beschäftigungsstrategie, KOM 2003/006 endg. v. 14.1.03

[20e] Europäische Kommission (2005): Mitteilung der Kommission an den Rat – Entwurf des Gemeinsamen Beschäftigungsberichtes 2004/2005, KOM 2005 13 endg. v. 27.1.05

[20f] Europäische Kommission (2005): Mitteilung der Kommission an den Rat und das Europäische Parlament – Gemeinsame Maßnahmen für Wachstum und Beschäftigung: Das Lissabon-Programm der Gemeinschaft, KOM (2005) 330 endg.

[20g] Europäische Kommission (2000): Für eine Rahmenstrategie der Gemeinschaft zur Förderung der Gleichstellung von Frauen und Männern (2001–2005), KOM (2000) 335 v. 7.6.00, http://www.europa.eu.int/comm/employment_social/gender_equality/framework/strategy_de.html v. 3.12.05

[21a] Europäischer Rat (2000): Entschließung des Rates und der im Rat vereinigten Minister für Beschäftigung und Sozialpolitik über eine ausgewogene Teilhabe von Frauen und Männern am Berufs- und Familienleben, Amtsblatt der EU C 218 v. 31.7.00

[21b] Europarat (1998): Gender Mainstreaming, Conceptual framework, methodology and presentation of good practices, Final Report of Activities ot the group of specialists on Mainstreaming, Strasbourg

[22a] Eurostat-Jahrbuch 2004

[22b] Eurostat (2002): How Europeans spent their time 1998-2002

[22c] Eurostat (2005): Gender gaps in the reconciliation between work and family life, in: Statistics in focus, 4/2005

[23] Forum Demographischer Wandel des Bundespräsidenten in Zusammenarbeit mit der Bertelsmann-Stiftung (2005): Ein Panorama der Fakten und Herausforderungen, Berlin und Gütersloh

[24] Franco, A./Wingquist, K. (2002): Frauen und Männer, die Arbeit und Familie vereinbaren, in: Statistik kurz gefasst Thema, 3–9/2002, Berlin

[25] Gundelach, Stefan (2004): Die Arbeitsmarkt- und Rentenreform in Schweden – Vorbild für Deutschland, Göttingen

[]   Heym, Stefan (1993): Der kleine König und andere Märchen, Berlin

[26]   Hishow, Ognian (2005) : Das Wirtschafts- und Sozialmodell der nordischen EU-Mitglieder – Wachstum, Innovation und gesunde Haushalte trotz hoher Staatsquote, in: SWP-Aktuell 47

[27]   Jansen, M./Röming, A./Rohde, M. (2003): Gender Mainstreaming, München

[28a]   Jenter, A./Spangenberg,U. (2005): Neuorientierung der Ehebesteuerung: Ehegattensplitting und Lohnsteuerverfahren, Gutachten gefördert von der Hans-Böckler-Stiftung, Berlin

[28b]   Jenter, A./Morgenstern, V./Wilke, C. (2003): Ohne Frauen keine Reform, in: Aus Politik und Zeitgeschichte v. 27.10.03

[29]   Jönsson, I.(2002): Vereinbarkeit von Berufs- und Familienleben in Schweden, 180, in: WSI-Mitteilungen, Nr. 3, S. 176–183

[30]   Knijn, Trudie (2002): Was kommt als Nächstes? Dilemmas in einer Zeit nach dem Familienernährermodell, WSI-Mitteilungen 3/2002

[31]   Krais, Beate (2001): Frauenarbeit – Männerarbeit: neue Muster der Ungleichheit auf dem europäischen Arbeitsmarkt, Frankfurt/M.

[32]   Kühn, Konstanze ,Prognos AG, (2005): Elterngeld und Elternzeit – ein Erfahrungsbericht aus Schweden, Studie im Auftrag des BMFSFJ, Berlin/ Basel

[33]   Liebert, Ulrike (2003): Geschlechterpolitik im europäischen Einigungs-projekt, in: „Feministische Forschung – Nachhaltige Einsprüche", hrsg. v. Heinz, K./Thiessen, B., Opladen

[34]   Maier, F./Fiedler, A. (2002): Gender Matters, Feministische Analysen zur Wirtschafts- und Sozialpolitik, Fachhochschule für Wirtschaft Berlin

[35]   Mayer, Susanne : Im Land der weiblichen Männer, in: Die Zeit vom 19.5.05

[36]   Mosesdottir, Lilja (2001): The interplay between gender markets and the state in Sweden, Germany and the US, Ashgate

[37] Müller, Sabine (2004): „Fast4ward 2004 – Für Vereinbarkeit von Familie und Beruf" – Vereinbarkeit von Beruf und Familie Deutschland im europäischen Vergleich, Berlin

[38] National agency for education report No. 236 (2003): Descriptive data on childcare, schools and adult education in Sweden, Stockholm

[39] Niemer, Brigitte (2004): Lust auf Kind und Job – ist das vereinbar?, in: Forum Sexualaufklärung und Familienplanung, hrsg. von der Bundeszentrale für gesundheitliche Aufklärung (BzgA) Heft 3/2004, S. 11–14, Frankfurt/M.

[40] Nohr, Barbara (2002): Gender Mainstreaming – kritische Reflexionen einer neuen Strategie, Berlin

[41a] OECD (2002) : Babies and Bosses – Reconciling Work and Familiy Life (Volume 4 : Canada, Finland, Sweden, United Kingdom), Paris

[41b] OECD (2001): OECD Employment Outlook 2001, Paris

[41c] OECD (2005) : OECD Employment Outlook 2005, Paris

[42] Oestreich, Heide (2004): Das Ende der Zöglinge: „Educare" in Europa, in: Forum für Sexualaufklärung und Familienplanung, hrsg. v. BzgA, Heft 3/2004, S. 31–34, Frankfurt/M.

[43] Pfarr, Heide M. (2002): Frauenerwerbstätigkeit im europäischen Vergleich, in: Aus Politik und Zeitgeschichte, Bd. 46–47

[44] Pimminger, Irene (2001): Was heißt Gender Mainstreaming? , GeM-Koordinationsstelle für Gender Mainstreaming im ESF, Wien

[45] Pramling, Ingrid: Die Qualität der Kinderbetreuung aus schwedischer Sicht, in: "Kindergartenpädagogik – Online-Handbuch", hrsg. von Martin. R. Textor

[46] Pylkkänen, E./Smith,N. (2003): Career Interruptions due to Parental leave – A comparative study of Denmark and Sweden in: OECD Social, Employment and Migration Working Papers, Paris http://www.oecd.org/dataoecd/61/7/2502336.pdf v. 20.11.05

[47] Robert-Bosch-Stiftung (2005): Starke Familie – Bericht der Kommission „Familie und demografischer Wandel", Stuttgart

[48]   Rösgen, A./Kratz, M.-Th. (2003): Chancengleichheit und Gender Main-
       streaming in der EU, Studienbrief des Fachhochschul-Fernstudienverbundes,
       Berlin

[49]   Schartau, Mai-Brith (2004): Country report: Sweden, Studienbrief des
       Fachhochschul-Fernstudienverbundes, Berlin

[50]   Schulze Buschoff, Karin (1999): Teilzeitarbeit in Schweden, Großbritannien
       und Deutschland – Individuelle Dynamik und Haushaltskontext im Länder-
       vergleich, Wissenschaftszentrum Berlin für Sozialforschung (WZB)

[51]   Skolverket (2000): Childcare in Sweden, Stockholm, www.skolverket.se,
       v. 5.1.06

[52]   Statistisches Bundesamt (2004): Kindertagesbetreuung in Deutschland
       – Einrichtungen, Plätze, Personal und Kosten 1990-2002, Wiesbaden

[53]   Statistisches Bundesamt (2005): Leben und Arbeiten in Deutschland –
       Mikrozensus 2004, Wiesbaden

[54]   Thenner, M./Ohmacht, S. (2000): Kinderbetreuung: Geld versus Dienst-
       leistungen, Österreich im Vergleich mit Deutschland, Frankreich und
       Schweden, Schriftenreihe Frauen, Bd. 8 ,Wien

[55]   Veil, Mechthild (2003): Kinderbetreuungskulturen in Europa: Schweden,
       Frankreich, Deutschland, in: Aus Politik und Zeitgeschichte, Beilage zur
       Wochenzeitung "Das Parlament", v. 27.10.03, Bonn

[56]   Wegener, Alexander/ Lippert, Inge (2004): Studie – Familie und Arbeits-
       welt, Rahmenbedingungen und Unternehmensstrategien in Großbritannien,
       Frankreich und Dänemark, Berlin

[57]   Welpe, Ingelore/Welpe, Isabell (2003):Frauen sind besser – Männer auch,
       Wien

Häufig benutzte Internetadressen:

http://europa.eu.int/comm/eurostat

http://www.destatis.de

http://www.oecd.org

http://www.schweden.org

http://www.si.se

http://www.skolverket.se

http://www.sverige.de

http://www.sweden.gov.se

http://www.sweden.se